遇见成都，这座城

YUJIAN CHENGDU, ZHE ZUO CHENG

藏羚羊旅行指南编辑部 编著

北京出版集团公司
北 京 出 版 社

图书在版编目（CIP）数据

成都，这座城 / 藏羚羊旅行指南编辑部编著 . — 北京 ： 北京出版社，2020. 4
（遇见）
ISBN 978-7-200-15219-7

Ⅰ. ①成… Ⅱ. ①藏… Ⅲ. ①旅游指南 — 成都 Ⅳ. ① K928. 971. 1

中国版本图书馆 CIP 数据核字（2019）第 290449 号

遇见
成都，这座城
CHENGDU, ZHE ZUO CHENG

藏羚羊旅行指南编辑部 编著

*

北京出版集团公司
北京出版社 出版
（北京北三环中路 6 号）
邮政编码：100120

网址：www.bph.com.cn
北京出版集团公司总发行
新华书店经销
北京华联印刷有限公司印刷

*

710 毫米 ×1000 毫米 16 开本 13.75 印张 268 千字
2020 年 4 月第 1 版 2024 年 5 月第 2 次印刷

ISBN 978-7-200-15219-7

定价：59.80 元

如有印装质量问题，由本社负责调换
质量监督电话：010-58572393

前言

成都，我太过熟悉这座城市的日升日落，一街一巷似乎都弥漫着曾经的气息，成都的性情悠闲而缓慢，缓慢中沉淀下只属于这座城市的独特气质，飘荡在沸腾的火锅里，变换在川剧的舞台上，沉浮在一茶一水中，当然也弥漫在咖啡的浓香里，流露在川妹子的眼眸中。

相信不论何时何地，当你翻开这本书，呈现在你眼前的不仅是文字间关于成都的描述，更多的是诱惑着你前往的魅力。

《成都，这座城》力求带给你这座城市那些不经意的一面，那些有趣的一点。大而全的旅行指南有点显得生硬，小而微才会让人感到惊艳，让书中的一个个小惊喜，点亮成都这座大城市，引领你去发现深藏在这座城市中的点点滴滴。

成都，这座中国西南的古老城市，有着太过厚重的历史，人们若想抽丝剥茧去看清楚这座城市会是一项浩大的工程。那些留存已久的古迹，那些目睹过昨天的街巷，还静静地守候在那里，它们是这座城市的标志，也是这座城市最受瞩目的名片，但是这些不是本书中的重点。去摩肩接踵的锦里区数“人头”，去杜甫草堂里看铭牌，虽然这些地方是成都的骄傲，但千篇一律的介绍和旅行一定不是你理想中的方式，书中规划的九条线路，贯穿了那些散落在成都街巷中的上百个“惊艳地”，足够让你留下关于这座城市的有趣记忆。

这是一本贯穿成都历史，又注重个性的小册子，放慢脚步品味成都，是这本书力求达到的效果。线路中有这座城市值得你凝视的历史“地标”，更多的是那些深藏在高楼大厦下，个性十足、小巧精致的小店。它们是这座城市的新鲜血液，以至于许多本地人也不曾留意它们的存在，它们需要更多的关注，因为它们是这座城市新生的力量，是成都最具文艺气息的代表，是这座城市最真实的一面。发现它们，走进它们，去感受它们的气息。可以躺在曾经工厂建筑改造的旅馆床上，回味“我们工人有力量”的昨天；可以在老洋房改造的咖啡馆里感受仿佛法国左岸的文化气息；可以走进烟囱林立，刷着时代标语的厂房艺术区，看看身边飘过的白衣少年……它们是今天成都文化的体现，它们是今天成都的生活方式，有时它们比月夜里的烟火还要璀璨，有时却宁静得像午后窗边飘舞的绿叶。每一个人心中都有一个成都，它是什么模样，我不知道，但我心中的成都已跃然纸上。

带着这本书，从城西幽静的文翁石室，到城南西洋之风遗存的华西坝，再到城东蜕变转型的创意园区，享受一天的好时光。一个古今交会的成都跃然眼前。你可闲庭信步，也可搭乘时下成都便捷的交通工具，可以跟随本书的步伐也可以随意组合，老城区内各景点间相距并不远，结合对于成都的认知，去探索属于你自己的成都，漫步成都，也是旅行中的乐事。

要知道，成都，这座千年古城有着太多值得探寻的“秘密”，一次把它看得穷尽的确是个难题，给自己的旅行留些遗憾未尝不是件好事，这会让你回味其中。

愿书中的点滴，让你爱上成都。

遇见

成都，

这座城

遇　见

成都，

这座城

目录
Contents

文翁路 · 文庙前街
穿越千年寻成都的书香依旧

人民南路 · 华西坝
蓉城近代西洋风

小通巷 · 泡桐树街
慢时光的幽静小巷

CONTENTS

大慈寺路 · 华兴正街

弥漫在霓虹之下的禅音茶香

滨江东路 · 望江路

循着酒香觅蓉城

西御街 · 少城路

从流光溢彩到市井百态

CONTENTS

牛王庙 · 建设南路
创意蜕变的新蓉城

文殊院街 · 灶君庙街
蓉城旧时寺院间

东御街 · 春熙路
旧时蓉城的今日时光

文翁路·文庙前街

从两千多年前的文翁石室到宁静的、充满书香的成都图书馆，蓉城跨越两千年的文化气息从未间断。漫步在文翁路上，透过树叶间洒下的阳光，可以呼吸到古成都的味道。它似乎太过平凡，却留下了蓉城最具纸墨香气的历史。

文化公园
青羊宫
琴台路
蜀都大道
四川美术馆
人民西
百花潭公园
文庙西街
小南街
西御街
一环路西二段
锦里中路
文庙前街
红照壁街
成都图书馆
红照壁街
大石东路
南河
文翁石室
文翁路
人民南路
刘湘墓
滨江中
银杏路
南河
锦里
三国茶园
浆洗街
武侯祠

穿越千年寻成都的书香依旧

沿着几乎是南北走向的文翁路向北，在文庙前街向西拐个弯，同样的绿树成荫，同样的日光斑驳，却有着不一样的书香气息。对于初来乍到的游客，寂静的文庙前街似乎太过普通，这里没有锦里的游客如织，没有琴台路上的餐馆林立，更没有九眼桥畔入夜的纸醉金迷，以至于大多数成都人很难说清文庙前街的陈年往事。走着走着，一段红墙走进了你的视线，一座四柱挑檐的中式大门上有着黄色的屋顶串脊，暗示着这门后的往事悠长。

小街不长，也没有过多商业气息的侵蚀，每每文人墨客追溯蓉城“人文书香”的源头，总能记起“石室”对于这座城市的贡献。当然游客可以在小街的餐桌前一坐，听听老成都人话语间流出的石室往事和有趣的逸事，也可以在不远的咖啡馆里听听文艺青年们的对话，无论是咖啡的醇香还是摊摊面的爽口，这都是文翁路上文庙前街的味道，无论喜欢哪一种，它就弥漫在不经意间的小街中，放慢脚步更容易享受到它们的味道。

这一路走来，掂量掂量时光的分量，路上的片瓦中蕴藏着这座古老城市的文化力量。它有别于川味留存于舌尖上的快感，它是流淌在成都人血脉中的脉动，它是一种注定留在蓉城书卷中的幽香，就让这一卷幽香开启你探索成都的大门吧。

文翁石室

蜀地人文故里，官府办学先河

文庙前街西段马路的北侧，一座朱红色的四柱挑檐大门非常醒目，这里就如同北京的国子监，虽不是国之学府，但对于四川，这里却是蜀地文化的诞生之地。

这里的故事就从这块高悬在挑檐下的文翁石室牌匾说起。办学兴教在中国历史上通常是改变一地一代的盛举，文学盛行通常也是一个时代最值得颂扬的事情，也许是希望后人牢记这段历史吧，眼前的文翁石室院现在是一所中学，并且这所学校有着历史久远的“身世”。两千年前汉代的蜀郡太守文翁，在任期间倍感蜀地路之艰险、地之闭塞，为了更好

地推广国之政策，他以政府之力创建了“官学”，用石头修建的校舍被称作石室，又被叫作玉堂，它的出现开创了中国官府办学的先河，石室曾作为官学的范本被帝王赞赏并加以推广。石室人才辈出，这里也成为西南各省中的教育重地，西汉司马相如曾在这里求学，历时八年刻成的儒家十三经碑曾是院内文宝。明朝末年张献忠入川，石室被彻底焚毁，之后的石室历经百年得以重生，最终成为淹没在繁华蓉城中的寂静校园。

如果说“石室”的诞生仅仅是一所古老学校的横空出世，那似乎也不足以让后人大加赞颂，古校在创立之初推崇的自由学风，让青年学子能够“集百家之所长”，最终再耕耘播种，为成就蜀地的文学风气做出了重要的贡献。

走进挑檐下的大门，眼前是一片充满现代气息的校园，笔直的大道把校园划分成两大部分，右侧是一片体育场，倒是左侧极具汉代风格的教学楼很有观赏性，清晨的阳光把建筑照亮，校园内绿树成荫、鸟语花香。

当真正站在楼前观望时，一股自由的气息便扑面而来，一阵笑声吸引了我的注意，几个活泼的少男少女正在校园的操场边摆着各种姿势，不停地拍照。当她们从身边走过，并招呼着说“到我们的校友郭沫若先生那边照相去”时，循着她们的背影，我看到教学楼前一尊郭沫若的雕像屹立在花坛间。

“文翁化属，永铸辉煌”，回头看见体育场看台屏幕上的八个红色大字。从千百年前的学府，到如今的学校，时光荏苒，初心未变，令人心生敬佩！

成都图书馆

文化教育之财富，爱书者之乐园

成都图书馆静静地屹立在文翁路与文庙后街的十字路口，这里承载了许多成都人学生时代的难忘记忆。

图书馆所在的位置非常醒目，两边的街道在绿树的映衬下显得幽静异常。图书馆老馆修建于 20 世纪初，原址曾位于人民公园内，这座成都近代历史上最重要的“文化堡垒”，成为当时文化青年们吸取精神养分的“据点”。第一任馆长卢作孚，是中国近代著名的实

业家，这位从重庆合川一路走来的交通运输“巨头”，在实业、教育和革命救国事业上也有不小的成就，成都图书馆的前身通俗教育馆就是卢作孚为成都文化教育留下的一笔财富。

图书馆几经迁移最终落户在这里，外表略显陈旧的新馆从2003年对外开放，馆藏文献之多让这里成为成都爱书者们的乐园。同行的学生说：“每天下课都会到图书馆去看书，这里的图书馆好大的。”

走进图书馆，大堂最显眼的地方摆放着图书馆活动安排，其中“锦城讲堂”围绕各种艺术、国学方面的活动最为丰富。来到三层，学生们轻声走进自习室，这让我想起学生时代大学校园里的阅览室，无声却散发着知识的味道，笔尖下流淌着文化的力量。

用手机访问图书馆的网站或者查找图书馆的公众号，对于游客是最便捷的浏览方式，馆内信息一应俱全，“成都图书馆馆藏古迹精品”是一个向传统文化致敬的系列栏目，点击屏幕，那些竖版线装的各色古籍卷本跃然眼前，那些生僻的文字也足以让人品味中国造字艺术的魅力。

红照壁街

目睹古老蓉城战乱之变迁、成都“皇城”之兴衰

从成都图书馆出来，沿着文翁路向北，在金盾路向东，就到了红照壁街，站在十字路口的过街天桥上，脚下这条向东延伸的大街就是曾经目睹古老蓉城战乱变迁的红照壁街。当然，曾经的照壁早已荡然无存，取而代之的是仁恒置地广场大楼上名牌商品的耀眼标志，川信大厦下霸气的金色临街店面，使这里俨然成为时下成都最繁华的消费之地。

照壁，中国古建筑中集装饰和风水于一体的巨大单体墙壁，如北京北海和大同代王府里的九龙壁。据说成都历史上这块照壁为赭红色，长 60 多米，高度将近 10 米，如此巨大的照壁自然是明朝蜀王府——也就是成都人口中“皇城”的一部分。据说当年文官在此下轿，武官在此下马，绕过高大的照壁跨过金水桥后入皇城，这个结构很像北京故宫太和殿广场前的模样，只是在金水桥前少了一块照壁的遮挡。之后的岁月，照壁后的皇城经历数次战乱的洗礼，最终消失在人们的视线中，随着皇城的消失，大量修建的民房逐渐掩盖了照壁的真容，直到 1925 年才被人们发现。照壁的结构依旧，那一层带着喜庆和皇族气质的赭红色却荡然无存，两年后曾目睹皇城兴衰的红照壁被彻底拆除。

知道我是游客，路过天桥的一位老人饶有兴趣地打开了话匣子，老人感慨地说：“变得太多了，早年间这条街上可是香喷喷的，到处都是小饭馆，这里的牛肉面好吃啊，现在吃不到那个味道了。”“我们老成都人喜爱的很多餐馆都是从这条街走出来的，当年这条街上味道好啊！”老人家用手指着眼前的摩天大楼，“成都变样子喽，味道没有喽……”

一代人的记忆总是无法随着时代的变迁而改变，一城一岁月，总是人们记忆里最值得回味的往事。

四川美术馆

如意新馆，庇护一方文化之延续

成都老城真的是日新月异，各种地标式的新建筑在城市的各个角落拔地而起。如果你要问成都哪里最有艺术气息，在一堆的名字里绝对少不了四川美术馆，“就是那个修得像‘如意’似的新馆喽……”成都本地人总是这样形容这座建筑。

从西御街向西，沿着东城根南街向南，在人民西路右转，就能看到这栋极具现代气息

的建筑——四川美术馆。简约的玻璃幕墙点缀在大理石包裹的建筑间，落成后的新馆成为西南最大的专业性美术馆。成都自古就是中国西南部的文化重地，自两千多年前“文翁石室”兴办学堂开始，就能找寻到蓉城的文化渊源，加之四川独特的地理环境，也庇护着一方文化的延续。

走进大门，迎面是一尊高大的木质雕塑，极具现代抽象感的雕塑在高大的厅堂中显得十分空灵，入口是高大的三角形斜拉玻璃幕墙，成都原本就不算通透的天气，让光线非常柔和地洒进大厅。沿着右手边的扶梯可以前往各楼层的公共区域，包括画廊、书店和咖啡馆等。

每年不同类型的展览是四川美术馆最吸引人眼球的精髓所在，高质量和多类型的展出使美术馆拥有了大批的“粉丝”。馆内珍藏着大量的古籍字画，即使是对于绘画一知半解的人，这里也是个不错的去处。这里时常有文艺青年徘徊在美术馆的某张画前凝神静思，和他们聊聊，也许你会发现艺术离你并不遥远。

文化公园

人文胜地，英烈的魂归之地

成都有很多城市公园，几乎每一座公园都有特殊的典故和意义。文化公园紧邻青羊宫，于 1951 年在二仙庵旧址上改建而成。具有百余年历史的成都灯会和花会，每届都在文化公园及其周围举办。

成都花会始于唐宋时期，历史悠久。根据传统习惯，农历二月十五日被视为“百花生

日”。而道教始祖老子的诞辰是农历二月十五日，唐代以来，人们在此时都会举行庙会。由于以上两个原因，成都花会选择在文化公园及旁边的青羊宫举办。届时，会展示很多名贵花卉、家栽盆花等。

成都灯会是成都最知名的节庆活动之一，历史悠久，至今已有 1 800 多年的历史。该活动是在元宵赏灯习俗的基础上发展起来的，为期一个月。灯会期间，公园内还会有曲艺、杂技、戏曲等表演以及各种风味小吃。

青羊宫

川西第一道观，西南第一丛林

青羊宫素有“川西第一道观”“西南第一丛林”之称，始建于周昭王十五年（公元前 1015 年），初名青羊肆。唐玄宗于天宝十四年（755 年）避安史之乱时，唐僖宗于中和元年（881 年）避黄巢兵乱时均在青羊肆居住，僖宗后下诏增修殿宇，并更名为青羊宫。至明朝，殿宇均毁于天灾，目前留存的道观建筑群为清康熙六年至十年（1667—1671 年）重建而成。

相传青羊宫东侧花园有吕纯阳、韩湘子二仙出现，清康熙年间建有二仙庵，成为道教全真龙门派丹台碧洞宗的祖庭。经过后世几次重修，青羊宫才形成了现有的建筑群规模。

历史上的青羊宫长盛不衰，向来为好道之士所推崇，如今更成为一处成都市民乐于前往参拜问道的场所，香火经年不断。单是因其发轫于西周时期就足以为人称道，因为如此具有历史价值的道观并不多见。步入青羊宫山门，可见参天银杏遍植，阆苑秀雅，殿宇庄严，香烟缭绕，钟磬常鸣。三清殿前一对充满传奇色彩的青羊已被游客摸得铮亮，羊耳朵里塞满了硬币。时有导游带着一众游客，以各种传说讲述着青羊宫的历史，你不妨随着听一听。

百花潭公园

万里桥西一草堂，百花潭水即沧浪

百花潭自古以来就是成都人的郊游胜地，杜甫诗云：“万里桥西一草堂，百花潭水即沧浪。”在成都的城市公园中，百花潭公园是比较雅致的一座。公园占地面积约 4 万平方米，分多个景区，具有南国庭园的典型风格。主要景区有磊园、百花园、慧园、西苑、国香园、盆景园等，不失为一处幽静的休闲去处。

景区中的慧园是一座巴金纪念馆。巴金（1904—2005），原名李尧棠，字芾甘，原籍成都。巴金是我国现代最重要的文学家、出版家和翻译家之一，代表作品有长篇小说“激流三部曲”（《家》《春》《秋》）、“爱情三部曲”（《雾》《雨》《电》）等。巴金的文学活动贯穿了整个 20 世纪，因此也被人们尊称为“世纪老人”。在慧园前面的广场，立有一尊巴金青铜塑像。慧园是以巴金先生的名作《家》中对园林建筑的描写为蓝本，设计修建的一组清末民初建筑风格的川西民宅。纪念馆内陈列着巴金先生的眼镜、钢笔以及手稿等珍贵文物，还有一些国际友人赠送给巴金先生的纪念品。同时，馆内大量的照片和文字资料勾画出了一个完整的巴金形象。

锦里

蜀地三国老成都，小吃美食新锦里

锦里可不老，这里的一砖一瓦都流露着现代的气息；锦里又很老，走在锦里的街巷就仿佛回到了蜀地三国时期的老成都。锦里不太长，只有 550 多米的锦里萦绕着浓重的仿古气息；锦里又很长，沿街鳞次栉比的店铺让人流连忘返。半天的时间就这样悄悄地溜走，店铺里的精彩却让人意犹未尽。

锦里曾经是被人们遗忘的地方，这里历史太过悠久，早在三国时期这一带就是商贾云集、茶楼酒肆扎堆的商业街，蜀国都城里最繁华的商圈就在这里。但随着时光的流逝，人们逐渐忘记了这片曾经的繁华，随着成都的不断变迁，大大小小的商圈在城市的各个角落随着时代绽放着。突然有一天，历史勾起了人们对于曾经繁华的向往。不久，人们顺利地复制了蜀都商业的璀璨，锦里就这样又重拾了曾经的繁华。

随着人流穿过锦里大门，踏着石板路去感受满是川茶、川菜、川酒、川戏的锦里。无论店铺里还是摊位前，摩肩接踵的人流是逛锦里的人最先感受到的特色。突然一阵嘈杂，随之街上的人群向路两侧分开，只见路中间一队身着古装的演员边唱边跳着向前走来，“川剧表演，快看，中间那个人正在变脸！”身旁的一群游客指着路中间的人群惊呼道。一场不期而遇的古装巡演惹得路人纷纷驻足。

再向深处走，原本宽敞的小街变得曲折幽深，一个个非常有趣的摊位沿着街边排列，摊位前总是不乏孩子们的身影，捏泥人、摆糖画，且不论这些是不是正宗的成都特色，在孩子们的眼里，好玩就是最快乐的事。

“好吃街”是锦里人流最密集的地方，这里的摊位上汇集了成都的众多小吃，有你熟悉的也有你从未听闻的，大多数也都是本地人的最爱。三大炮的摊位前围着众多的食客，我挤进人群，只看到一个糯米圆球被师傅利索地甩到桌上的小铜盘里，之后掉到盛有豆面的笸箩里，沾满豆面的三个圆球盛到餐盒里再浇上红糖汁，一份三大炮就做好了，它是非常有趣的成都小吃。当然有趣又好吃的还有牛肉豆花、三合泥、糖油果子等，来到锦里一定要留着肚子，因为你肯定抵御不住各种小吃的诱惑。

如果锦里在你的眼中太过现代化，那么不妨到旁边的武侯祠去看看，那里可谓古韵犹存。武侯祠留下了蜀都太多的历史印记，它与锦里只有一墙之隔。

武侯祠

出师未捷身先死，武侯忠义天下名

武侯祠是纪念三国时期杰出的政治家、军事家、蜀汉丞相诸葛亮的祠宇。蜀汉后主刘禅即位后，封诸葛亮为武乡侯，领益州牧，逝世后谥号忠武侯，后人习惯称诸葛亮为武侯。在民间，诸葛亮被视为智慧的化身，除了在政治、军事方面，他在文学、书画、音律，甚至物理、军械铸造方面均取得了卓越的成就，更有传说称他深谙天文地理、阴阳五行、奇

门遁甲，如有通神之能，堪为古今之完人。纪念诸葛亮的祠宇在全国广泛分布，多达数十处，其中最有名的当属成都武侯祠、襄阳古隆中武侯祠、河南南阳武侯祠和陕西汉中勉县武侯祠等。

成都武侯祠始建于唐朝，由刘备、诸葛亮等蜀汉君臣合祀祠庙及刘备墓（惠陵）组成，面积并不大，但建筑分布规整，气度不凡。

进入武侯祠大门后，可以看见两块传世的古碑，一块为唐朝楷书名家柳公权之兄柳公涣所书，另一块为明代遗物。往前过二门，左右分列蜀国武将文臣像，为清朝所塑，个个仪表非凡，人物形象与《三国演义》里面的描述十分接近，塑像具有很高的艺术价值。再往前是汉昭烈庙，这是纪念汉昭烈皇帝刘备的祠庙，正堂塑有刘备像，黄袍加身，气度非凡，左右厢房塑有关羽、张飞像。昭烈庙后是武侯祠，正中间的诸葛亮塑像为人们熟悉的“羽扇纶巾”形象，关兴、张苞护卫左右，祠内存有明清时期的武侯石刻画像和碑刻文物。

沿中线再往后前行即是在全国各地广泛分布的三义庙。

武侯祠千余年来多有文人骚客凭吊，留下诗章翰墨无数。杜甫有《蜀相》诗传世：“丞相祠堂何处寻，锦官城外柏森森。映阶碧草自春色，隔叶黄鹂空好音。三顾频烦天下计，两朝开济老臣心。出师未捷身先死，长使英雄泪满襟。”南宋岳飞抗金，于北伐途中路过河南南阳，拜谒武侯祠，书诸葛亮前后《出师表》以明志，其书法造诣达至高境界，所以在全国各地的武侯祠和岳王庙多陈列有这两部书法作品的碑刻。成都武侯祠版本书法作品虽为今人所刻，亦风骨铮铮，历历在目，似能看到将军“怒发冲冠，凭栏处”的报国情怀。现代名家郭沫若、徐悲鸿等也在此留下许多作品。

武侯祠藏有大量的古蜀文物，在文物区能欣赏到珍贵的藏品，尤以东汉时期的青铜器、陶器、汉代画像砖等最具历史价值，藏品从社会生活的各个方面较为系统地展示了东汉时期的蜀地文明。

三国茶园

品茶之乐，看川剧变脸

这家茶馆非常好找，走进锦里古街的大门，左边第一家就是。因为紧邻武侯祠，这家茶馆以三国文化为主题，装修陈设呈现典型的中国风。三国茶园门口的迎宾者通常是一位穿戴整齐的川剧花脸角色，迎宾者会向过往的游客介绍当天上演的节目。

看过锦里精巧的景致，走到一家充满三国味道的茶馆门前，古朴的木窗棂，一串串的

红灯笼，营造出典雅质朴的味道。拾阶进入大堂，室内宽敞明亮，古香古色的气息充满各个角落。走到二楼，在窗边的茶桌旁坐下，很是惬意。刚刚走过的锦里街，如同一幅画卷，在眼前徐徐展开，小桥、流水、绿树、粉墙、灰瓦，随便一处风景都让人意犹未尽。

服务员端来一杯店里独特的飘雪盖碗茶，青花盖碗中散发出淡淡的茶香，轻轻抿一口，瞬间唇齿留香。看着碗中茶叶一点点地展开，悄无声息地发生着变化，抬眼远眺紧挨着锦里的武侯祠，难免想到那个“羽扇纶巾，谈笑间，樯橹灰飞烟灭”的三国时代。

刘湘墓

一代枭雄抗日英魂

刘湘（1889—1938），字甫澄，四川省大邑县安仁镇人。刘湘是近代史上独霸一方的军阀，一生纵横乱世，参加过辛亥革命前后至抗日战争初期的若干次军政行动。1937 年，日军发动全面侵华战争，刘湘任第七战区司令长官兼第 23 集团军总司令，率领川军出川抗日，是为数不多的积极响应抗日的地方军阀之一，此举受到全国人民的高度赞扬。1938

年，刘湘病逝于武汉，留下遗嘱："抗战到底，始终不渝，即敌军一日不退出国境，川军则一日誓不还乡！"一代枭雄葬于武侯祠北面。当时的国民政府追授其陆军一级上将。在后来的抗日战争正面战场上，川军的牺牲尤为巨大。现存的刘湘墓为1985年重修，碑上刻有"抗日战争时期第七战区司令长官陆军一级上将刘湘之墓"的字样。

刘湘与其堂叔刘文辉同为近代四川的大军阀，二人的经历颇为传奇，感兴趣的读者可查阅相关资料。

人民南路·华西坝

洋溢着青春气息的学子们往来穿梭，爽朗的笑声和如阳光般的朝气笼罩着这里，擦身而过的院墙里有着蓉城近代西洋之风盛行的痕迹。志德堂历经百年的风云，『身板』依旧硬朗得就像刚刚落成一样。这片华西坝有着太多的故事，只需你静静聆听。

黉门街
南河
人民南路
黉门街
滨江中路
天仙桥南路
浆洗街
新南路
南河
懋德堂
志德堂
四川大学华西校区
人民南路
金陵横路
洗面桥街
一环路三段
一环路二段
永丰路
玉林北路
科华北路
老码头火锅
倪家桥路
三只耳火锅

蓉城近代西洋风

华西坝里总是飘荡着混有历史韵味的书香气息。在四川大学的校园里，绿树掩映下的青春身影仿佛让时光在这里停滞，以至于吸入的气息都是那么清新。它隔绝了路上的喧嚣，把柔软的时光留存在校园里，把它写在长发女生的眼眸中，映在白衣少年青涩的微笑里。

一个难辨的“篔”字，一条昔日学子云集的大街，古时候多少学子为身入篔门而“头悬梁，锥刺股”，如今还有几人记得这段往事？纵然象牙塔边古今事，不在一街回眸中。国学巷与篔门街相连，浮躁的城市仿佛突然在这条小巷里安静下来，走进国学巷，站在穿透树叶的阳光下，猜想着小街昔日国学学校的景象，曾经多少长衫读书人，在这里品味国学的神韵，成都文脉气息在这些小巷里薪火传承，不管时光如何变迁，城市文脉的昨天都值得回味。眺望人民南路可感受到大道通途的霸气，老城焕新的第一步。一条笔直的大道横空出世，城市中轴线贯穿南北，打破了古城“龟背”的旧貌，劈开了华西坝子的横亘，成都的新面貌就在这条通途上展现。

这一路上的浪漫故事，一定是躲藏在咖啡馆的浓香里，因为大学周边从来就不缺少这样的存在。情窦初开的季节，耳鬓厮磨的低语，总是躲不开一段咖啡馆里的时光，因为那里的时光柔软，那里的咖啡特别醇香。那里留下多少青春的甜蜜回忆？临窗而坐，让手边的一杯咖啡为你细细诉说。

人民南路

贯穿蓉城南北的大动脉

古老的成都有着太多的回忆被留存在密布的街巷里，这些街巷就如同城市的脉络，传承着独特的气息，让城市脉动着古往今来的回忆。

人民路是其中最值得一看的，它贯穿了蓉城南北，连接了香烟缭绕的城北，穿越了霓虹喧哗的天府城，更是穿越了近代复兴的城南。人民南路起于天府广场，劈开了古老皇城

的御街，跨过南河分开华西坝，一路向南止于火车南站。我们这里要说的是人民路的南路，即南河到华西坝一段。

这一段显得安静，沉稳，充满书香气息，它既不像人民中路那样商铺林立，人潮涌动，也不像人民北路那样交通繁忙，川流不息。它与众多的学府相拥，与遮天蔽日的绿树为伴，有着耀眼玻璃幕墙的高楼，写满华西坝历史的洋楼、校园，匆忙的学子们往来其间。

从地铁 1 号线华西坝站出来，一条笔直的人民南路把四川大学分作两半，西侧路口上带着中西合璧风格的灰色洋楼，留存下华西坝昨天的历史。20 世纪初，一群远道而来的加拿大传教士落脚在了华西坝，他们不仅带来基督教，同时也带来了先进的西洋医术，他们在这里学习中文、兴办教育，他们的回忆里永远烙印着华西坝的岁月。

屹立在小天竺街与人民南路交会处的华西口腔教育博物馆，就诞生于那个年代。走进人民南路东侧的四川大学，2013 年更名的志德堂，曾经是诞生在 20 世纪初的一所教学楼，“Canada School（加拿大学校）”才是它的原名，时光流逝，物是人非，小楼依旧硬朗地矗立在那里，它今天的身份是四川大学公共卫生学院教学楼。沿着小路穿行在校园中，华

西医学展览馆大楼一定不能错过，这栋 1926 年落成的大楼，曾是西南地区第一座现代博物馆，这里曾经的馆藏数量之大，内容之丰富名冠西南。

从川大西区出校门，就是国学巷。这里的历史比华西坝里的川大还要久远，如果说华西坝是近代成都文化汇聚之地，那么国学巷里则是“君为臣纲”的旧式书生托梦之所，一朝金榜题名，一路衣锦还乡，国学巷里留存着青衫长辫一代文人的回忆。

徘徊在人民南路上，轰隆隆的铲车可以“修剪”城市的外貌，却无法抹去历史的韵味和文化的延续，小巷幽深，校园依旧，阳光在这里变得越发温暖。

四川大学华西校区

中西合璧，时光倒流

清晨的人民南路一片车水马龙的景象，城市中每天都在发生着不一样的故事。路旁的一堵高墙里却是另一片安静、祥和的小世界。这里就是四川大学华西校区的校园，更令人神往的是校园翠绿的草坪，充满朝气的操场，绿树下中西合璧风格的历史建筑，置身其间，顿感时光倒流，让人仿佛回到了 20 世纪初的成都。

校门边现代化的四川大学华西口腔医院有着悠久的历史，它是中国第一所口腔医院，一座单拱形门楼矗立在校园入口的路中间，路旁高大的松柏在晨光中散发着松脂的清香，一路走来灰墙红漆的挑檐建筑比比皆是，这些 20 世纪初中西合璧的建筑散发着浓郁的历史气息。抬眼便能看见一座钟楼，青色砖墙是建筑的主体结构，红色木质结构的点缀让原本沉闷的灰色主体有了些许的色彩。它是华西坝地标式的建筑，漫步在钟楼的河渠边，两座三孔的中式石桥连接两岸，川大盛景所说的“双桥烟雨”就指这里，成都总是灰蒙蒙的天气倒是让人很容易联想到烟雨中双桥的迷离。华西的钟楼不仅是一处校园景观，洪亮的钟声也曾是成都人生活的一部分，城市在钟声中苏醒，又在钟声里睡去。圣诞节的钟声似乎更加洪亮，伴着洋人们手中摇曳的蜡烛，平安夜成为钟楼一年中最重要的时刻。走进钟楼，可以看到钟座上的铭文：“为了纪念基督，我们的指引者和救世主。光荣属于至高无上的神和世界和平，人类明天更美好。”神圣的力量不仅飘荡在钟声里，如果细心观察这座校

园的平面图，不难发现，校园的两条老路，构成了一座巨大的十字架，当年这群带着信仰远道而来的洋人们，把他们的信仰也永远地根植在异乡的土地上。这的确值得后人敬佩。

除了这座钟楼，校园里的其他建筑也有着可圈可点的往事，那些大楼前的铭牌记录了它们的身世，这里的一草一木都留下了早年间的回忆。华西坝的川大校园也因此在校史里记载了许多令学校骄傲的时刻，这里不仅有着川大学子们难忘的回忆，同样也是那些洋人后裔们童年的记忆。

今天，在川大的草坪上，阳光斑驳的树荫下，中外学子们谈笑风生，他们沉浸在川大校园舒缓的气息中，他们把人生中最美好的时光留在这座校园里。他们笑着对我说：“只要看到那河塘中浮动着的钟楼倒影，就知道华西的故事还在。只要听到双桥边的书声依旧，川大校园的气质依然。”

志德堂

洋人前驱地，百年志德堂

说到志德堂，成都人总喜欢在前面加上一个百年，称其为“百年志德堂”，成都人总是会说起20世纪初的华西坝和那些金发碧眼的洋人，他们在洋人的手里第一次看到了高举的十字架，第一次听到了洋人嘴里的基督教，第一次感受到这种宗教的力量……太多的第一次都在成都人对“百年志德堂”的回忆里。

走进川大华西校区，一栋栋被绿树掩映的教学楼，透着历史的韵味和20世纪的气息，志德堂静静地守候在校园一角。门前几株大树的枝叶遮挡着夏日阳光的直射，它如今是四川大学公共卫生学院教学楼，在川大华西校园里，这样的建筑可谓数见不鲜，唯独这栋楼有着特殊的意义。这栋修建于20世纪初的建筑——加拿大学校，曾是加拿大传教士们为其子女修建的学校，同时也是传教士们学习中文的地方，它是华西坝地区落成的第一座国际学校。因其特殊的身份，在华西坝众多的西式建筑中显得很特别，直到1949年传教士及其子女离开成都后，大楼才变成了普通的教学、办公楼。

在成都灰蒙蒙的天气里，深灰色铺就的外墙显得有些沉闷和低调，好在有着红色木质窗框和二楼绿色窗棂的点缀，让建筑有了些许的活力。由于四川天气潮湿闷热，建筑的一层被作为防潮的地下室使用，二层和三层是教室和办公区，墙体是西式拱券结构，开有巨大的老虎窗。沿着一楼中间的台阶走进大楼，是长长的阴台，看来真的是“蜀地自古雨水多”，透过窗户的玻璃投射进楼内的光线有限，楼内有些阴冷。

这栋建筑2013年更名为志德堂，第二年被列入《成都市历史建筑保护名录》，想参观楼内的房间并不容易，一般人只能读一读楼前铭牌上的简单介绍了。

懋德堂

西南博物馆之第一，中西合璧之建筑

华西坝里的建筑都已是“耄耋之年”，它们身上散发着 20 世纪的气息，它们目睹了这座城市近代最为风雨飘摇的岁月，好在它们都是时代的“幸存者”，坚强地屹立着，守护着属于它们的秘密，等待着好奇的人们来一探究竟。

走进川大华西校区，仿佛走进了一座历史建筑的博物馆。懋德堂——一栋诞生于 1926 年的建筑，它的前身曾是中国西南第一座博物馆。1909 年从美国远道而来的戴谦和

曾担任华西协和大学（四川大学前身）物理学教授，他和妻子在任教的同时携带着相机游历了四川省的藏区，记录了雪山和各种名胜，在他的照片里还可以清晰地看到当时的华西协和大学的幽静。这位不善言辞的物理学博士同时也是一位对于考古学有着浓厚兴趣的学者，广汉古蜀国三星堆遗址的发现，也是这位博士的功劳。1932 年，筹备已久的博物馆正式开馆，其展品数量和馆藏之丰富，在当时的中国首屈一指。

懋德堂是英国设计师荣杜易在中国探索的早期古典复兴式建筑的代表作，中西合璧的设计细节在校园里随处可见。图书馆内的石柱上的鹰浮雕映衬着曲折而上的木质楼梯，四周的雕梁画栋流露出浓郁的中国意境。踏上懋德堂的八层台阶，可以抬头仰望入口处极具中式风格的歇山顶优美挑檐。步入室内，直通穹顶的空间宏大，沿着木质台阶来到二层中心的圆形走廊，墙壁上是罗马风格的半圆形拱券式石柱，头顶房梁上的彩色镏金却流露着浓郁的中国风。当年流落成都的建筑学家梁思成，曾特意来到懋德堂，对这种古典复兴式建筑给出了自己的看法，记录在他的著作《中国建筑史》中。

建筑作为特殊的历史见证者，无论好坏，都承载着一个历史时期的建筑审美和建造水准。每一座历史悠久的城市中，都会有一些值得人们探寻的、烙有时代印记的建筑，也许它们会随着时光逐渐被人们遗忘，但这些时代“亲历者”留给城市的韵味却是无法抹去的，就如同眼前的这座懋德堂。

黉门街

蓉城近代官学汇聚之地

如今的黉门街是四川大学华西校区外一条安静的街道，它东起国学巷，西至浆洗街，街道两侧蔽日的树荫遮挡了烈日的灼烤，树荫下是川大学者们匆忙的身影。如果说成都的文翁石室开古城办学的历史先河，那么黉门街就是蓉城近代官学汇聚之地。

第一次看到“黉”字还真是有些陌生，我在《新华字典》里终于找到了这个字的解释，它和“红”同音，意为古代的学校，黉门是古时对于学校的称谓。这条隐藏在市井间的“学

校街”背后的故事也许会很有趣吧。

一百多年前，一个名叫杨遇春的三朝功臣告老还乡，清帝赏赐其宅邸于国学巷里，其后杨家的后代捐祖宅办学校，名“存古学堂”，学堂前面的街道因此而更名“黉门街”，在这条搭上学堂而摇身变得书香味十足的街道上，“存古学堂”几经变更最终消失在历史里。如果一定要追根溯源的话，国学巷西侧川大里的十六中就是那个古老学堂最初的所在地，黉门街边国学巷，两条无法分开的古老街道，曾经都是长衫书生们往来穿梭之地。那些曾经苦读诗书，梦想终有一日金榜题名的学生们的故事，永远是黉门街边树荫下白发老人们最愿意谈论的话题。

阳光刚刚跃出地平线，清晨的雾气弥漫在黉门街上，行色匆匆的路人手里端着不知哪里买来的早餐，这时路过的公交车里还是空空荡荡的，随着街上店铺逐渐开始营业，晨光已经驱散了雾气。穿着校服的学生们笑着向校园里走去，街道上不再是沉寂的景象，围墙里川大阵阵的书香飘荡在国学巷里，一路弥漫到黉门街上，这个味道很熟悉，就如同百年前存古学堂里的一样。虽然时过境迁，但书香的韵味不会改变。

老码头火锅

翻滚吧，辣椒

到成都必吃的一家火锅——老码头火锅，古铜色的铜锅、长长的筷子都非常有特色，看了就让人食欲大开。这里的麻辣锅很有人气，味道鲜美的白汤在中央，麻辣诱人的红汤在外围，吃起来很过瘾。推荐牛肉、毛肚、黄喉、鸭肠、香菜丸子、肥牛、黄辣丁等涮菜。

不少人到成都第一顿火锅都是选择老码头火锅，据说这家味道最正宗，当地人也喜欢

吃。初识老码头火锅，印象最深刻的就是一锅辣椒在扑扑地翻滚着。再细细一闻，不仅有辣味，还有一股很香的麻椒味道，这样一来，味道的层次感就丰富了。

料碟分油碟和干碟，也有照顾外地人而设的麻酱碟，但是到成都来就要入乡随俗，还是选择油碟最佳。干碟就是辣椒面，所以外来的食客还是低调地选油碟吧。油碟，用的是香油，加了大量的蒜蓉，还可以加蚝油，用香油可以保护胃，吃过之后胃不会烧得慌。

因为有好吃的锅底，觉得点什么在里面涮都超级好吃。毛肚脆脆的，一涮即熟。鸭肠也是一涮即熟，一点异味也没有。豆花也好吃。还可以涮酥肉等。川粉，就不用多说了，必点。吃一会儿之后，要把辣椒捞出来再继续吃，不然辣椒越煮越辣。

火锅就是要吃氛围，吃得大汗淋漓，辣得直伸舌头，这才过瘾。

三只耳火锅

巴渝第一味，冷锅鱼的代表

这家店堪称冷锅鱼的代表，专做火锅鱼。红锅里漂着厚厚的一层花椒、海椒，看着很过瘾，若不能吃辣还可以点鸳鸯、白汤、番茄、酸菜等锅底。鱼很新鲜，肉嫩，口感好。推荐菜有冷锅鱼、鱼头、鸭舌、半鱼头、毛肚、野菜饼、鱼肚、香芋卷、黄粑和干锅虾等。

来到这里品尝号称“巴渝第一味”的冷锅鱼，绝对是你最正确的选择。冷锅对我们很

陌生，用冷锅怎么吃火锅？据说成都的冷锅早已有之，把已经用高压锅煮熟的鸡肉、兔肉盛入铁锅内，直接端上桌去，待食客吃完锅里的菜肴后，再点火烫食别的食材，这种吃法就是所谓的冷锅。又有传说这不腥不燥的冷锅鱼是由大文豪苏东坡所创。当时，苏东坡去重庆拜访好友名士王道矩，王道矩请苏东坡在一江舫上吃火锅。东坡觉得一般的火锅吃法太燥，就吩咐船上厨子用火锅料做佐料，将鱼烹调好后装锅，端上桌时鱼已烹熟，锅却还是冷的，于是将其命名为冷锅。不管冷锅是何由来，但如今它实实在在是川味中的一绝。

三只耳冷锅的底锅是热的，红汤颜色浓郁，辣气腾腾，看上去有点让人生畏；白汤里汤汁乳白，里面粉红的午餐肉片和鲜红的番茄片相映生辉，让人食欲大开。店里的调料碗比较大，里面放着炸过的黄豆、葱花和红辣椒段，吃的时候选择自己喜欢的汤加入，调料冲泡成蘸料，很有特色。自制调料微辣鲜香，配着煮熟后放入冷锅的鱼片、鱼肚，倒是别有一番风味。

通巷·

一条幽静的小巷，只留下一栋栋二十世纪七十年代的建筑，曾经粗布蓝衫的工人无从寻觅，时光飞逝后，小巷中弥漫着文艺的气息和后人的回忆。

纽咖啡
成都明堂创意园区
魁星楼街
朵朵家
小通巷
魁星楼街
长顺下街
长发街
东门街
栅子街
商业后街
实业街
成都市美术馆
支矶石街
商业街
长顺上街
下同仁路
宽巷子
宽窄巷子

遇见成都，这座城

慢时光的幽静小巷

不知从什么时候起，小通巷变得如此安静，不长的小街里逐渐聚集了青衣长衫的人群。他们在这里停下，他们把小巷里的居室变成了留住回忆的地方，他们或是手握画笔，或是燃起炊烟，各色有趣的招牌变成游客们取景的一部分。如果宽窄巷子太过喧嚣，小通巷里则适宜漫步，如果春熙路的餐馆难觅一席，小通巷里则总有一番天地。

朵朵家的餐桌上总是那么热闹，年轻的身影总能填满这家不大的餐厅，朵朵家一路从遥远的泸沽湖走来，在小露台上种下了那里的色彩。

宽窄巷子

把时光留住的古城商区

宽窄巷子无疑是成都老城众多保护区中的新地标，灯火迷离下的街巷很喧嚣，推门走进青砖灰瓦的小院又很幽静，闹中取静，别有洞天。小巷的青砖灰瓦上还落着历史的尘埃，灯光幽暗的酒吧却播放着现代音乐，宽窄巷子就是这样一条动静皆宜、怀古望今的街巷。

200 多年前，千余名满族兵勇进驻成都，一番大兴土木后，一座只供满蒙八旗居住的

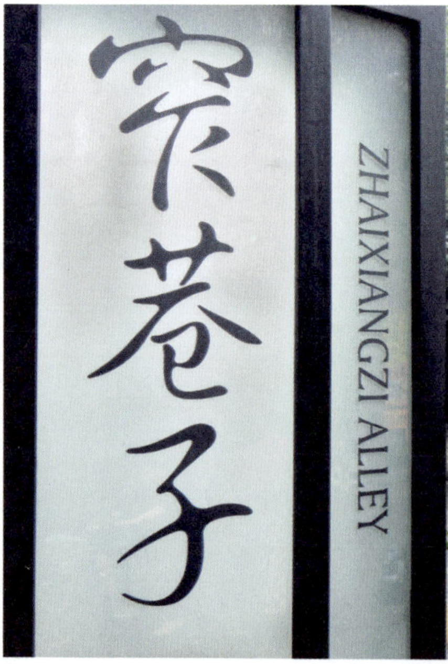

“满城”出现在了成都内城里，这里是满族人的天下，是其他民族百姓无法进入的区域。辛亥革命后，随着清王朝的灭亡，“满城”的城墙被拆除，那些精明的商人和权贵看准了这里的潜在价值，收购了大量的地产并落户在这片街巷里。

今天的宽窄巷子基本保持着当年清朝街区的格局，每一个院门里都有一段能被诉说的往事，灰墙与小青瓦后是流逝的时光。漫步宽窄巷子中，抬头可看见一处造型奇特的院门，青砖砌成带有弧形凸起的拱形宅门，上面“恺庐”两个字很是醒目。这座院子的身世曲折，从院门的奇特造型到院门开口的方向，无不体现主人对于风水的讲究，几经变革，如今院子的主人是宽窄巷子中唯一的八旗子弟后人。在宽窄巷子青砖灰瓦的建筑群里，一栋西式的二层小洋楼很是另类，白色的墙面上镶嵌着西式的窄窗，入口处向外延伸的阳台和二层上的露台浑然天成，你能否看到露台边一位终日眺望远方的妇人，她幽怨和期盼的眼神里流露着对于远征沙场的爱人的思念，时过境迁最终只留下一栋孤零零的小洋楼和妇人无尽的思念。

随着夜幕的降临，宽窄巷子被灯光装点得妩媚异常，宽巷子 3 号的大门上一对门神神采奕奕，门上方一对红灯笼散发着红光，还有那些灯火迷离的酒吧和餐厅都在夜色中尽情地绽放着。

夜色给了人们更多的想象空间，一群摄影爱好者正在聚精会神地构思着心中的影像，闪光灯的闪烁，让宽窄巷子迸发出迷人的魅力。宽巷子不宽，窄巷子不窄，成都人总是这样评价宽窄巷子，宽巷子原名兴仁胡同，想亲眼看一看成都人的生活，去这条巷子最合适。

一进院落，一方天地，成都人的生活场景都在这里集合，这里是市井的成都，最有味道的宽巷子。窄巷子幽静，这里适合漫步，街灯的微光和绿色植物的阴影无不呈现一方小巷的宁静，这里的摄影爱好者最多。井巷子里最热闹，众多的创意小店和众多的俊男靓女，让这里充满了活力，越夜越美丽，唯有那栋白色的小洋楼，在灯火的映照下依旧显得那么的孤独。

成都市美术馆

隐藏在川西古院里的书画院

支矶石街和下同仁路的交会口，有一片绿树环抱，一片青瓦高墙，一处川西民居典型四合院建筑，这就是幽静的成都市美术馆。

走在院外的街道上，老成都古建筑汇聚眼前，最以旁边的宽窄巷子为代表，漫步树荫之下更是感觉到时光的流淌和老成都古建筑的韵味。守在街角的院落成为这一带商业味道

最轻的一处，绘画和古建筑的结合，完美地诠释了传统文化的延续。

走进美术馆，满眼的绿色掩映着环廊四合院，朱红的漆色配着灰色的瓦片，透过敞开的券门，一幅幅中式的框景画就展现在眼前。院子中央的青瓷桌凳，房檐下的长穗红灯和百年前川西大宅的华贵也能尽收眼底。

早年后蜀主孟昶就在成都修建皇家画院，从此绘画艺术在蜀地变得繁盛一时，黄荃、黄居宷父子的出现，把工笔绘画推向新的高度。抗日战争时期，北方和东南沿海的大批院校和文人辗转来到成都，也对推动蓉城文化的兴盛起到了巨大的作用。

走进院中的绘画展厅，一群学生正在老师的带领下进行参观，学生们听着老师的讲解，不时低头做着笔记，很是认真的模样。在老师的讲解下，学生们似乎听懂了眼前这幅馆藏——《中国山水画》的精妙之处，千年流传的中国古代绘画技艺的博大精深，就在这言语间静静地传授给了学生们，传统的文化就在这一问一答间延续着。

坐在庭院中间，阳光穿过枝叶洒在隔壁的门窗上，光和影的交会让博物馆里充满了明暗的画面，银杏树下的藤椅上，是观赏画院美景的好地方。

成都明堂创意园区

古街今巷的创意园

在银杏树掩映下的魁星楼街上有一处安静的创意园，它虽然地处繁华，却没有通常的喧嚣和浮躁。

成都明堂创意园区的前身是修建于 20 世纪 80 年代的德国风格的老房子，在被闲置多年后，就在即将被人们所遗忘的时候，它被一群独具慧眼的艺术家们所发现，他们惊叹建

筑本身的时代韵味和建筑内所散发的艺术气息。经过改造，艺术家们在建筑巨大的空间里寻到了内心的乌托邦，也许就是这种气息，让创意园里聚集了越来越多的摄影室、音乐室、木匠工棚、设计工作室和咖啡馆，它们的到来让创意园区变得热闹起来，让创意园区逐渐成为老城区里的一张文化名片。

魁星楼街离宽窄巷子不远，但这里已经听不到宽窄巷子的喧嚣。创意园很是低调，它没有绚丽的色彩，没有耀眼的霓虹灯，就如同一方隐士高人，需要心诚者才可以一探究竟。二楼墙壁上那只硕大的大熊猫是创意园最明显的标志，它顽皮地咬着手指，仿佛奇思妙想就会从口水里流淌出来一样。崭新的“成都社会大学”的牌子还挂在墙壁上，仿佛提醒着这里的新住户，不要忘记大楼的过往。

少男少女是这片创意园区的常客，他们喜爱那里的咖啡馆，他们也钟情于特色小馆里

的盘中一味，园区里的画廊和工作室则是艺术家们的最爱。走进创意仓库还能感受到20世纪80年代建筑的幽暗和清冷，上下四层的建筑包裹在冷静的黑色里，典型的一座教学楼，楼下院落里内容丰富的宣传海报争奇斗艳。一群带着相机的少男少女们兴奋地在一楼的走廊里摆出各种姿势，他们的笑声爽朗，流露出青春的无忧无虑。一楼左侧的一间工作室满

屋子的木艺品让人们惊叹不已，店主微笑地看着这些顾客并热情地介绍着每一件作品的内涵和作用。

站在四楼的阳台上可以俯瞰脚下的街巷和城市，再回望这座寂静的创意园区大楼，它至少没有被岁月无情地抛弃，它独有的韵味最终变为艺术。

纽咖啡

银杏树下的咖啡馆

如果说魁星楼街因为明堂创意园区的出现而变得文艺气息浓厚，那么纽咖啡就是这条街上最适合感受这种文艺气息的咖啡馆。

在那些文艺青年和创意园区的熏陶下，咖啡馆也具有了别样的文艺范儿。在这里经常可以遇见艺术家们，他们将咖啡馆看作是工作室的一部分，在灵感枯竭时，到这里小坐或是喝上一杯，灵感的火花就会迸发。

纽咖啡位于魁星楼街明堂创意园区的入口处，大大的玻璃房子是咖啡馆最显眼的标志。纽咖啡没有张扬的设计，没有夸张惹眼的门面，只有安静的银杏树和飘香的咖啡。通透的玻璃幕墙让咖啡馆完全融入了街道风景里，走进咖啡馆，整个室内空间宽敞但不失隐秘，屋顶裸露的水泥横梁搭配蜿蜒交错的银色管道，流露着后现代主义的风格。室内最抢眼的是那些长条木桌，那里俨然是上班族的阵地。店内布置的氛围流露着小清新的气息，那些貌似随意摆放的创意产品让咖啡馆多了些活力。如何享受成都式的慢生活，纽咖啡里有答案，免费续杯的美式咖啡是广大文艺青年们的最爱，一杯咖啡一本书，一段时光就这样静静地从身边溜走，对于城市里忙碌的人们，这是何等的“奢侈”。当然，除了传统的咖啡和茶，这里还有进口的酒精饮料。

通常室外银杏树下的座位更受欢迎，树木张开绿色的枝丫像遮阳伞一样遮蔽了一小片天空，树下总是不乏情侣们的身影，午后的阳光透过树叶的缝隙洒在他们身上，暖融融的下午就这样悄悄地拉开了序幕，喝着咖啡，说着情话，身边是阳光的味道，回头还能看见创意园入口墙壁上那只大熊猫顽皮的笑脸，令人心生愉悦。

看着太阳渐渐西去，灯火逐渐照亮了夜色中的纽咖啡，树下还是人影婆娑。尽管手边的咖啡已经变凉，只要香气犹在，咖啡馆里的慢生活就还会继续。

朵朵家

从泸沽湖畔走来的一片幽香

很多年前，我在泸沽湖采风的时候，到过一家猪槽船酒吧，时间有些久远，虽然对于那间酒吧的印象有些模糊，但是依稀记得朋友们在闲聊中提到这家酒吧的主人朵朵，喜爱户外暴走，纵情山野偏居，落脚泸沽湖畔……虽然那晚未曾与朵朵谋面，但记忆的片段里留下了那晚的有趣景象。

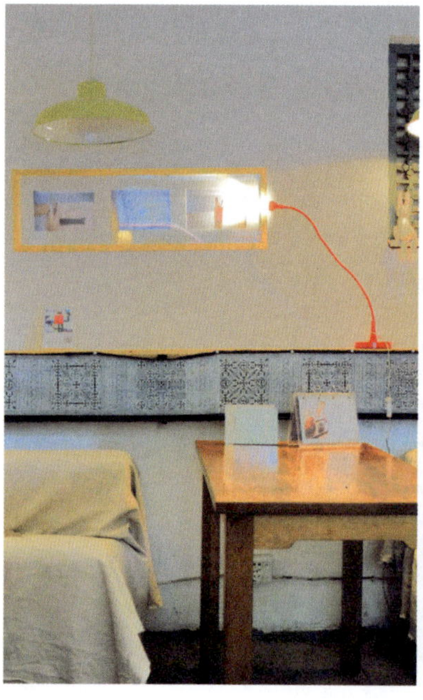

多年以后再来到小通巷，漫步间听到阵阵的琴声，一位年轻姑娘正在一间屋檐下抚琴吟唱，背后墙上的招牌上写着“朵朵家”。一个巨大的五角星镶嵌在房前阳台的栏杆上，阳台上摆放的椅子是观赏街景的好地方。撩开珠帘走进朵朵家，室内弥漫着一种淡淡的艺术气息，拱形的门洞和微微泛黄的墙壁尽是时光的韵味，墙壁上装饰着各种海报和绘画作品，房间的角落里有着令人惊喜的小摆饰，柜子上的黑白电视机，内窗下能勾起顾客童年回忆的老式缝纫机和随处可见的书籍及温暖的灯光，这一切似乎都在为顾客们营造出一种只属于家的氛围。

这里最惬意的位置应该是窗边，一本书为伴，借着室外柔和的日光，书中的故事才会变得更加难忘。当然，透过玻璃欣赏窗外的景色，此刻窗前的你也许就是别人眼中的风景，静静安坐固然很好，大快朵颐也很美妙。摩卡的味道香浓，一张比萨配一份水果沙拉，这些普通的餐食，在朵朵家的餐桌上都变得香醇。也许是那一曲老歌的回忆，也许是墙上那一幅绘画的点缀，让人感觉在这里的时光是用来慢慢享受的。

每一家小店必定都有着属于它的故事，朵朵家也不例外。2006 年 12 月 12 号对于这家小店有着特别的意义，因为这天是它的生日，从它安静地诞生一路走到今天，小店倾注了主人的无数心血。“就说这门前的花砖围廊，小店刚开业的时候是没有的，光秃秃的灰砖平台直面大街。我们去了北方的几座古城，脑子里一下子就有了灵感，花砖上的五角星也是从遥远的陕西凤翔乡下请回来的。”老板如数家珍地说着这家小店的过往。是啊，其实每个人的心中都有一个理想的空间，在这个空间里可以尽情呈现理想中的画面，就如同朵朵家这家小咖啡店，哪一方空间不是主人心中的那点点滴滴的小世界？在这里可以自由地呼吸，甚至可以享受时间的停滞和时光的韵味。

就像朵朵说的：“我喜欢小一点的地方，喜欢用脚来丈量生活半径，靠脚能走遍一个城。”“我真恨不得写个‘慢’字贴在墙上，希望大家放慢脚步，放慢生活节奏，慢慢体会生活中的点滴，细致的美好。”

魁星楼街

昔日古街的今生创意

成都有一条魁星楼街，古时这里是书生们最钟情的地方，“魁星点斗”可是非常吉利的预兆。就这样成都人把这条街完完整整地保存下来，把它变成一条香气四溢的大街。

你要是问成都的年轻人魁星楼街上什么最有特色，我相信答案一定是美食。没错，这里虽然距离宽窄巷子不远，但很少有游客的身影，能够到此寻找美味的人，多是口味刁钻的本地食客。

魁星楼街东到长顺中街，西到中同仁路。白天小街非常安静，街道两侧绿荫蔽日，对于初来乍到的游客，走在街上感觉不到喧嚣，只有等到入夜后，魁星楼街才会焕发出诱人的一面。

朋友指着魁星楼街上的一家家小店说：“想知道川菜辣得有多过瘾，这家店必须尝尝。”我顺着他手指的方向看过去，只见小店门口等座的人已经排了里三层外三层，透过人群的缝隙，看到餐厅墙壁上挂着“冒椒火辣”的红色招牌。“这可是这条街上人气最高的餐厅，别小看这么一家小店，就是平时也要排队等座位。”朋友越说越激动，“这里的辣，是最过瘾的味道，一定要辣到脑壳爆掉才过瘾。”经朋友指点我才注意到，坐在餐厅外面木头小凳上的食客们个个满面红光，汗流浃背，心中暗自佩服成都人好食辣的那股执着劲。“这家的鸡脚味道好得不得了。”朋友指着另外一家叫作“二孃鸡爪爪”的店说

道，这里的鸡脚味道很像小时候常吃的串串，来这里的食客大多是奔着这个味道的，所以说在这里吃的不是鸡脚，而是童年的回忆。这时，只见几个女孩指着一家门脸很小的“觅豆豆花”甜品店大呼想去，说话间她们已经冲向了店铺临街的窗口。豆花自然是成都小食中的大明星，但是这家的豆花绝对是经过悉心改良，更像是广式的双皮奶，招牌的百利甜豆花，豆花和百利甜酒的神奇碰撞，让一股浓浓的香气在唇齿间迅速蔓延。随着夜色朦胧，小街变得热闹起来，看着那些行色匆匆的人群，他们仿佛是很有目标地直接奔向自己心仪的餐厅。

我走进了路边的纽咖啡，在香气弥漫的咖啡馆里，大家海阔天空地闲聊，话题总是绕不开街上的那些美食。成都人真有口福！看着窗外那些大快朵颐的食客们，我突然很想知道，当年那些匆匆赶考的书生们是否也是如此幸福呢？

大慈寺路·华兴正街

如果你想知道摩天大楼里有多么热闹，树荫禅房里有多么宁静，桌上的素餐有多么清香，江南馆街街坊遗址里藏着多少古城的往事……快点整理行囊吧，也许就在说话间，城市的旧貌正在被新颜所代替。

悦来茶馆
华兴东街
总府路
红星路二段
藩库街
书院南街
武成大街
东安南路
福字街
蜀都大道
大慈寺路
府河
大慈寺禅茶堂
太古里
大慈寺
马家巷
太古里星巴克
中纱帽街
方所书店
成都川剧艺术博物馆
东风路北一巷
东风路
红星路四段
广东会馆
东糠市街
南糠市街
天仙桥北路
督院街
督院街
东大街下东大街段
三圣街

弥漫在霓虹之下的禅音茶香

对于成都人而言，锦江区是成都的老城区，看上去最为繁华的春熙路和它周边曾经破败的小巷可是蓉城的绝好地段，是市井风情的大观园。

《西游记》中的唐僧，带着三个高徒，一路降妖除魔，前往西天求取真经，这是国人们再熟悉不过的故事，然而真实历史中高僧玄奘的前半生少有人知晓，他曾在大慈寺律院受戒，大慈寺的佛学修炼最终让玄奘感悟佛法的高深，最终北上长安，而后踏上漫漫西行之路。如今的禅寺大隐于城市的喧嚣里，高墙里依旧是那一片禅意佛味的清净天地，素斋的清淡和禅茶的幽香令人回味无穷，此时虽无旧时的晨钟暮鼓，但大雄宝殿里依旧肃穆安详。

成都是川剧的发祥地，也许是蜀人骨子里天生乐观幽默的气质，一出川剧里包罗万象，如杂技的惊险，魔术的变换，说唱的节奏，舞蹈的绚彩。走进成都川剧艺术博物馆，川剧的喜怒哀乐、嬉笑怒骂，前世今生尽在眼前，坐下来和戏剧迷们聊一聊，才是最有乐趣的一刻，听听变脸的惊奇，聊聊吐火的绝技，当然还有传奇的故事。

一路走来，古城悠久的历史让人感慨。也许那些依旧健在的老砖旧瓦，古韵遗风，才更加值得人们珍惜、感慨吧！

成都川剧艺术博物馆

川剧历史的真实回忆

成都是川剧的汇源地，这种独特的地方戏剧的魅力到底有多大，也许只有走进成都川剧艺术博物馆才可以感受到。

两个广东口音的女生正兴致勃勃地讨论着戏剧的魅力，她们走进了成都川剧艺术博物馆，这是她们在华兴正街上的发现。

成都川剧艺术博物馆的确很隐蔽，就在喧嚣的王府井商城隔壁，在高大的霓虹幕墙的阴影里静静地散发着传统文化的韵味，修缮一新的院子呈现出老成都别样的风情。

这是成都少有的艳阳天，刺眼的阳光懒懒散散地洒在成都川剧艺术博物馆的大楼上，屋顶的青色琉璃瓦泛着白光，博物馆的入口有些简陋，这座2001年落成的博物馆是成都，也是西南地区唯一介绍川剧艺术的综合性展馆。馆内面积不大，划分为三个展区，第一厅“梨园簇锦”是汇聚了道具、服装、脸谱等内容的展馆，它是三馆中内容最为丰富，也是到访者最多的展厅，戏台上的天地里那些令人眼花缭乱的道具前，通常是游客们拍照取景的好地方，沿墙而挂的各色脸谱就足以让人花好一阵辨认，奸诈、阴险的白色脸谱，正直、坦率的黑色脸谱，勇武过人的红色脸谱，凶猛、恐怖的蓝色脸谱……有趣的脸谱里蕴藏着川剧人物的万千世界。如果想要了解川剧的历史，那就移步到“蜀曲流芳”的二厅，相比一厅，这里显得略微枯燥，但从遥远的唐朝一路兼容并蓄而来的川剧，脉络清晰地呈现在

你眼前。走进三厅，“川剧的春天”就在这里，难怪叫作“奇葩烂漫”，不过，联想到隔壁悦来茶馆里那些上了年纪的戏迷们的身影，传统艺术的春天真的像展厅里介绍的那样烂漫吗？

整座川剧博物馆里人影寥寥，气氛冷清，再联想到探访中和年轻人们探讨川剧时的情景，除了炫目的变脸，在青年们的记忆里似乎并不知道川剧真正为何物，千年的融合与传承，并不会引起人们对传统艺术的共鸣。

传统艺术的春天到底在哪里，这并不是一座博物馆可以轻易解答的问题。

悦来茶园

老城茶社的最后回忆

喝茶、看戏、摆龙门阵，这是成都人生活中不可缺少的三件事。茶馆就是成都人集中的好地方。

陈设简单的悦来茶园有些难找，沿途问了几个年轻人都说不知道，最后终于在几位满头银发的老大爷的指引下找到了华兴街上的这家老茶馆。

一片绿树遮蔽下，抬头便能看到悦来茶园的黑色牌匾，走进大门，院子显得有些陈旧，但是这种陈旧里并没有流露出历史的古韵。竹椅子石桌子摆满整个院子，走在摆满桌椅的院子里，上到全球热点，下到柴米油盐，耳边是一席精彩的世界，眼中是一幅市井百态，难怪人们常说："到成都不去茶馆坐坐，不会懂得这座城市的精彩。"桌上一副麻将牌，手边一杯清茶为伴，一天的时光就这样任它慢慢流淌。穿过院子，室内上下两层，合抱一个天井，正对入口是一处装饰简约的舞台，舞台上正上演一出戏剧，舞台下座无虚席，叫好声不绝于耳。我要了一杯 15 元的峨眉素毛峰，寻了一把椅子坐下，环顾四周，几乎清一色的大爷大妈。

台上锣鼓响成一片，一个涂着红白相间脸谱的演员正在台上挥舞着宝剑，突然锣鼓声骤停，只见演员左手一甩胸前的长髯，右腿站立，左腿盘至腹前，"哇呀呀"一声，右手

耍得宝剑凌空飞舞，长长的剑穗与白色的剑身构成了双色的圆球在光下翻飞，台下叫好声阵阵。

看着眼前这些年事已高的老戏迷，很想问“川剧是什么？”为什么说到川剧，人们想到的只是那些炫目的变脸、吐火和滚灯？因为人们对于传统艺术的欣赏正在断代，当眼前的这些戏迷们逐渐老去后，茶馆里还会有“年轻的喝彩声”吗？历经百年发展至今的川剧还会有一方天地吗？悦来茶园是否也会顺应潮流“华丽转身”呢？

手边的茶杯里已经散发出阵阵清香，叶片在茶汤中浮沉，姿态优雅，又一阵叫好声传来，只见台上青衣女子的水袖翻飞，一会儿下腰，一会儿劈腿。不到悦来茶馆，怎能看到川剧的这般精彩呢？

大慈寺禅茶堂

古寺里的悠然茶香

成都向来不缺茶馆，喝着茶闲聊，品着茶看戏，叫好声、嬉笑声连成一片，这似乎就是成都茶馆一成不变的景象。安安静静地品茶，伴着禅音，这样的茶馆也许只有大慈寺禅茶堂一家了。

一片幽静，一座院落，一个木鱼，一间茶房。

桂花的香气在院中飘荡，禅音和茶香的碰撞好似发生在遥远的唐朝，一位出家的新罗

王子带着对于茶道的特殊理解来到大慈寺，禅与茶的结合让品茶人在茶香中品鉴人生，更重要的是让品茶的人们能够更轻松地感悟佛说的真谛，“禅茶”逐渐成为大慈寺最受人们欢迎的味道。梵音随着茶香，逐渐飘进人们的内心，成为心灵的指导，大慈寺的香火也逐渐变得旺盛起来。

如今的茶室分作室内、室外两部分，室外的院落里，绿树成荫，几把藤椅，几张茶几，极为简单却十分惬意，仰头是一方湛蓝的天空，阳光在浮云的遮掩之中闪烁不定，麻雀在灰色的瓦片上跳跃着，有茶客来，其悄然而至；有茶客走，则飘然而去。我点了一杯绿茶置于手中，看茶汤清亮，观杯中叶片绽放，几番浮沉之间，茶色逐渐变绿，香气随之飘散开来，啜饮一口，茶之清爽唇齿留香。听隔壁大殿里木鱼声响，恍若院中一阵花香轻浮，抬头望去，身边是一棵枝叶繁茂的桂花树，虽不是花开季节，却传来淡淡花香。

一杯清茶饱含人间百味，从入口的苦涩到回味的幽香，这不就是人生的味道吗？其实一杯清茶并无奇，只是身在禅院中的缘故吧。

那一刻我突然想到了赵朴初老先生《吟茶诗》中的词句：“七碗受至味，一壶得真趣。空持百千偈，不如吃茶去。”

大慈寺

千年古寺的梵音依旧

每次来到成都，总是喜欢到这里坐坐，因为这里是闹市中唯一的一处禅音佛寺，来这里既可以参悟佛法，也可以静静地享受树荫下流淌的时光，抬头看到的天空被高耸的寺庙遮挡住了，那一抹蓝色变得越来越少，好在寺院高大的围墙还在，呵护着院中的一方宁静，真心希望这份宁静明天还在。

大慈寺暗红色的院墙其实非常显眼，这座修建于唐朝的寺院，千年来就一直矗立在这里，要说成都市内哪座寺院最古老，十之八九的成都人都会告诉你是这里。沿着北纱帽街的小巷，穿过摩天大楼的遮挡，你会看到一座有红色影壁的院落，影壁上盘龙的浮雕似乎是院落身份的象征。入口处牌匾上“西蜀禅源”几个金色大字分外醒目，走进院内，首先看到的是坐北朝南的藏经大殿，双层挑檐的大殿，入口处悬挂金底黑字的牌匾。来到大殿的台阶处，几个香客正在聚精会神地跪地叩拜，抬头仰望二层，高悬的牌匾上书“慈、慧”二字，香烟缥缈，木鱼声从大殿里传来，禅院清幽的气息扑面而来，几个背着布包的老奶奶从大殿中走出来，笑着说：“初一、十五的时候，来这里上香的人可多了。”“寺院里的素斋很有名气的，就在这个大殿的后面……”

穿过满是花草的庭院，来到观音殿，这是大慈寺最大的一座大殿，里面供奉着观世音菩萨。大慈寺面积不大，只有小小的三进院落。这座始建于隋朝，兴盛于唐玄宗年间的寺院，曾被冠以“震旦第一丛林”的称号，这里曾有院落 96 座，亭台楼阁、廊榭厅房 8 000 多间，规模之大可以想象。曾出家大慈寺的高僧玄奘，在这里度过了 5 年的修行时光，玄奘为了顿悟佛经的真谛，告别大慈寺，北上长安，从那里开启了漫漫取经路，之后虽然玄奘再未回过大慈寺，但这位得道高僧却成为寺院的骄傲。

太古里

老城新颜的艺术建筑群

早些年的成都，哪里是俊男靓女的汇聚地？盐市口、春熙路绝对是榜上有名的“养眼之地”。如今，占尽天时地利的太古里，重新定义了成都潮流，成为时尚和青春的风向标，让太古里成为成都众多时尚商圈中的“新星”。

太古里所在的位置十分特殊，它坐拥着千年古刹大慈寺的幽静，又与古老的春熙路为邻。从空中俯瞰太古里，错落的建筑构成了一个规则的大写英文字母“F”，走进太古里，瞬间就会被耀眼的橱窗灯光和身边不时闪过的靓丽身影所吸引。

没错，太古里太过亮丽，所有的建筑都有着高大透明的落地玻璃幕墙，一眼望去，整个街区仿佛尽收眼底。但当你细细驻足，会发现每一扇幕墙后面都是一个独立的空间，那些个性十足的物品错落地点缀在太古里商街的一角。身边不时闪过的俊男靓女才是太古里最惹眼的那一抹色彩，皮肤白皙的川妹子散发着幽香，轻盈地从橱窗边飘过，眉宇间的清秀，唇齿间的艳红，话语间的泼辣都让人着迷，难怪太古里总能吸引那些摄影爱好者的光顾。姑娘们喜欢太古里的橱窗，小伙子们更爱橱窗前的风景。

当然，太古里的迷人之处远远不止于此。艺术才是整个太古里建筑设计中流露出的永恒气息。其实太古里最值得慢慢品味，因为它有着诗人的浪漫和舞者的优雅，“邂逅”是一组位于太古里东区北侧的雕塑，两个红色交错的圆环中，面对而行的两人在时空中交错，在机缘里相遇，他们真的可以在茫茫人海中相遇吗？太古里也许有答案。南侧的大慈寺同样为法国艺术家提供了创作的灵感，太古里南侧入口广场上的“父与子”就是禅院灵感的体现，安静的父亲和向前奔跑的孩子，是生命的延续还是亲情的呼唤？是每一个路人都值得思考的问题。大慈寺南门影壁前的“漫想”最值得人们在夜色中驻足观赏，雕塑表面上密密麻麻的英文得到黑夜中灯光的眷顾，细细品读，那是一首诗抑或是一串人生足迹，值得漫想的一幕就在这里，就在太古里的暮色中。“穿越”是一件来自中国台湾艺术家的作品，它屹立在太古里西侧入口的广场上，就像一个巨大的锁孔，突兀着、对视着时空的过往，情人们最懂这件作品的寓意，因为他们懂得“爱可以穿越，从地久到天长”，也许每

每看到这一幕，作者也会感到欣慰，自己的作品能够被他人读懂，是一种何等的缘分。

整个太古里隐藏着大小形状不一的 19 件雕塑艺术品，它们静静地矗立在太古里，等待着发现者的惊呼，同时也期待着有缘人的驻足。当然，整个太古里就是一件充满现代气息的作品，就如同当初设计理念中在太古里注入丝丝“慢街巷”的韵味，无论从哪个角度，都值得慢慢品味。

方所书店

最具书香气的天堂

如果问时下成都的文艺青年，哪里是他们心中最具书香气的天堂？他们会把你指往太古里的方所书店。

无论从图书品种还是书店的面积，方所书店都可以称得上成都书店的翘楚，虽然它很低调，低调地躲在太古里的地下，却依旧成为文艺青年们追逐的目标。源自广州的方所书

店，2014 年在成都落户。从大慈寺边的太古里下到地下一层，很容易就能看到方所的路标，推门走进一处犹如头顶悬挂着外太空行星般的空间，行星下的光芒是黑暗中唯一前行的方向，穿过黑暗，终于见到了书海的光芒。方所书店很大，很少有一家书店能够让人一眼望不到尽头，“方所如泛巨海，浩无津涯”这句话用于方所书店实在是贴切。挑梁的屋顶，37 根仿佛怪兽触角的巨大立柱，漫天耀眼的射灯点缀，这一切就如同一幕科幻景象，要不是飘来阵阵书香，还真以为走进了迪士尼的梦幻世界里。

如果只把方所看成一家纯粹的书店，那么实在是枉费了方所偌大空间里的精彩。书店一层显眼的位置是主推的书籍展示区，往里面走的区域更是别有洞天，有植物和服装区域，还有展览、休闲区域和咖啡厅，一层的方所更像是一个以书搭建的平台，包含了更多元的元素和独特的售卖品，灯光下那些色泽莹亮的茶具和瓷器很是讨人喜欢。书店的二层是中外国文学、哲学等类书籍，鲜有文艺小青年们光顾，而是专业读者们的天下。若喜欢书店里面的各种小设计带来的亮点，不要错过走廊里被称作“猫步”的那段路，因为这是段窄得只能一个人通过的路，独特的设计是否催生了无数的“偶遇”呢。贯穿二层的环廊被称

作廊桥，是在书店观赏风景的好地方，几乎可以无死角地俯瞰书店的全景，廊桥上的风景独好，视觉交错中，你的驻足不也正是旁人眼中的风景吗？

我来得晚，正好赶上书店举办一场论坛大会，已经聚集了许多观众，一群穿着西装的外国老爷爷站在台上你一言我一句地激烈讨论着，话题是有关实体书店未来的展望。

方所书店巨大的木制旋转楼梯坐满了凝神静气的阅读者，都说书会让人感觉到安静，人在阅读时最美，这句话在那些席地而坐的读书人身上得到印证，不知是书中流露出的韵味还是读书人专注时散发的魅力，书店的角落里总是有着专属于方所的气息。

太古里星巴克

“咖啡大师”云集的星巴克

对于每日咖啡不离手的“粉丝”，星巴克是个再熟悉不过的地方，统一的店面、统一的杯具、统一的味道……统一的星巴克似乎有些乏善可陈，但成都太古里的这一家有可圈可点之处。

这家星巴克位于成都太古里西区入口处，巨大的绿色美人鱼标志让人很容易找到这里，上下三层的店面，对于“见缝插针”的星巴克咖啡来说已经是面积很大的一家店了，

没错，这家星巴克是中国西南部最大的一家旗舰店。走进咖啡厅，舒适的室内温度让人倍感惬意，一层“L”形的柜台前总是排着长长的队伍，柜台内的服务员一身黑色的围裙打扮，黑色是这家星巴克最大的卖点，有别于通常采用绿色制服的星巴克，这里的服务人员有着“咖啡大师”的称号，这就意味着这家店的服务员有着更丰富的咖啡知识。这里的柜台也是“咖啡大师”向客人展示咖啡制作过程的舞台，能够目睹整个制作过程，对于之后品味咖啡绝对有着微妙的效果。排在我前面的小 W，是一位酷爱咖啡的成都姑娘。对于咖啡，她更享受制作的过程，来这家店看咖啡调制是小 W 最享受的一刻。制作台上优雅的咖啡器具如同实验室里的器具，将咖啡粉从上方圆柱形容器中加入，在圆柱容器的下面是正在加热的盛着水的玻璃圆壶，在圆壶的下方是加热盘，随着加热盘温度的不断升高，上部装有咖啡粉的容器里逐渐有水进入，慢慢地呈现出三层，淡黄色泡沫、褐色咖啡渣和暗褐色的液体，看到这里，小 W 回头说着：“下面的搅拌最关键，是不是高手就看这个环节。”

只见服务员手拿长长的搅拌棒轻轻地搅动，之后，神奇的一幕出现了：在下面圆壶的真空吸力作用下，搅拌后的咖啡顺着圆柱形容器下部一条手指粗细的出口慢慢流进下面的圆壶里，整个过程真的非常像中学的物理实验，十分具有观赏性。等到上方容器里所有的咖啡全部流入下方的圆壶，这才到了真正品尝的时候，小 W 接过刚刚从圆壶倒出的咖啡，一阵咖啡浓郁的香气瞬间就弥漫开来。

沿着楼梯来到二层的窗边坐下，喝着咖啡，透过玻璃窗可以看到广东会馆的中式建筑被太古里现代的钢筋玻璃包裹着，视线越过会馆的屋顶，远处是耀眼的摩天大楼，当时光流逝，那些承载着城市历史记忆的建筑不断地被更替。当年出入会馆的商贾豪客们，怎么也不会想到，百年后，就在这座极具中国岭南风格的院落边，一座整日飘荡着咖啡香气的咖啡馆会门庭若市。

广东会馆

玻璃围墙中的旧日会所

古时候，同乡人漂流异地，很自然产生了同乡互助性的民间组织，他们往往需要一处活动和聚会的地点，这就是会馆。中国的会馆以长江以南各省为主，其中广东、福建会馆最多。

这家广东会馆位于大慈寺南侧，被太古里的摩天大楼环抱着，在现代建筑的衬托下显得十分孤单和另类，要不是特别留意，一定不会注意到它的存在。当然，要是站在太古里

高层建筑上，透过玻璃幕墙就很容易看到会馆的全貌。这家会馆初建于明朝，繁盛于清朝，到民国时期逐渐衰败，这里是在成都生活和做生意的广东籍人士集资修建的，青砖灰瓦的院落曾经目睹广东同乡们在成都的喜怒哀乐，如今物是人非，只留下空空的院落。走进会馆大门，院落里透着一股现代的气息，经过修缮，会馆改造成了展馆，庭院中主楼高挑的空间和裸露的横梁，无不显露出会馆当年的繁盛气派。

这里不定期举办各种形式的文化展览，如果看腻了在太古里的霓虹闪烁，不妨到会馆的院子里坐坐，围墙可以隔离大街上的喧嚣和嘈杂，树荫可以遮挡四周玻璃幕墙的反光，它会让你安静地回味老城昨天的韵味，虽然这种韵味正在逐渐地淡去。

督院街

官气最正的成都小街

这条不长的大街自明朝起就与政治权力紧密相连，那些被载入史册的成都近代历史事件，无不与这里有着千丝万缕的联系。如今，四川省人民政府大院就坐落在督院街上。

督院街位于东大街以南、红星路以西，明朝这里就是巡抚衙门所在地，据史料记载，明朝巡抚衙门不过是个孤零零的院落，街道两侧还有零零散散的院落，着实显得有些凋敝。

这一行政机构一直延续到清朝初年，到清朝雍正皇帝即位后，改巡抚衙门为四川总督府。民国初年的一场大火将院落焚毁，国民政府在原址上进行重建，先后更迭的四川督军署、四川省长公署和四川省政府，它们目睹了成都近代的烽火硝烟。在成都即将解放的前夕，国民党反动派的枪声和反抗者的鲜血被永远留在了督院街上。1949 年 12 月，督院街迎来了人民解放军的入城部队，代表旧时代的牌匾被摘下，五星红旗升起。

太阳还未升起，督院街上人影寥寥。行人慢悠悠地经过政府门前，门岗上执勤的武警战士笔挺地站着，目视前方，仿佛正在迎接晨光的出现。随着城市的逐渐苏醒，督院街上也热闹起来，三五成群的学生嬉笑着向东方的街口走去。

对于游客，这时的督院街才最有味道，温暖的阳光透过枝叶的遮挡静静地洒在街道上，趁着街上还没有拥挤的人群，沿街的建筑逐渐清晰起来，在晨光里被包裹上一层温暖的色调，趁着晨光初现，风还微凉，人们可以静静享受一番漫步的乐趣。

滨江东路·望江路

从滨江东路到望江路，一条古成都的脉络呈现在眼前。从车流不息的干道主街，到华灯初上的九眼桥边，成都这座城市的惊喜之处，等着你去细细发现。

临江路
临江中路
交通饭店
临江路
南河
临江东路
大学路
滨江中路
天仙桥南路
府河
水津街
水井坊博物馆
水井街
东大街
一环路东五段
水碾河南街
合江亭
安顺廊桥
丝管路
龙江路
新南路
九眼桥
锦江
顺江路
一环路南一段
莲桂西路
望江路
望江楼公园
龙舟路

循着酒香觅蓉城

如果让时光的脚步退回到繁花似锦的唐朝，合江亭畔船帆蔽水，迎来送往的码头边盛景一时。孤帆远影，随水而下，船上的文人墨客一定会遥想着远方东吴的惊涛骇浪，如今胜景难觅，只剩得合江亭沿江而立。凭栏远眺，两岸高楼林立，成都地产的兴盛也为合江亭边再造出一片新天地。如果说合江亭怀古，那么安顺廊桥上就是论今，几经河水的肆虐，原本的古桥早已无存，新修的廊桥虽然和古桥有些许神似，但更多的是一处休憩的好去处。

酒香不怕巷子深，从滨江东路向南，拐进密密麻麻的楼群，可见一片灰瓦青砖的小院，在这里能够见到 600 年前的蜀人酒坊。走进院内就如同推开了时光的大门，身边是被时光封存的气息，脚下是被岁月凝固的泥土，橱窗里是历史酿造的醇香。幽暗的灯光下一场时光漫步之旅正在等待着你，你可以闻到它的气味，也可以触摸到它的纹理，它就在水井坊博物馆里。

通常九眼桥的夜色最美，随着天色渐暗，霓虹灯亮起，现代都市特有的酒吧街在夜色的喧嚣里“苏醒”，也许古人们无法想象，曾经成都河上最大的石桥，会被后人拆除，古人眼中的“长虹卧波”，一桥一塔的景色只剩下残片。酒吧如同披着炫彩外衣，用迷幻的酒精麻醉着城市人的肉体，让他们沉迷于五颜六色的灯光和喧嚣的音乐中。夜色中的九眼桥就是这样一个妖娆之地，也是城市人们追逐的“冒险乐园”。

交通饭店

旅友心中的成都之家

如果有机会询问早年到成都旅行的旅友：“哪里是成都住宿最便捷的酒店？”相信交通饭店一定是被推荐次数最多的一家。

没错，紧邻成都新南门客运站的交通饭店有着得天独厚的地理优势。合江亭、华西坝、盐市口商业街、春熙路步行街、锦里古街和武侯祠这些成都著名的旅游景点，都在交通饭

店可以步行到达的区域里，更不用说仅一步之遥的新南门客运站了，这对于初到成都，喜爱徒步探访城市的游客来说，有着怎样的地理位置的诱惑自然不必多言。

穿过横跨在府河上的复兴桥，沿着临江东路的江边步行道向西不远就可以看到饭店的大门。大厅里坐满了“老外”，几个正在长桌边喝着可乐的美国大男孩你一言我一语地说着他们在成都的经历，他们这是第三次来成都，是专程去成都北郊的大熊猫繁殖研究基地看熊猫降生的，每次都会住在这家饭店，因为他们同时也对川西的风光非常着迷，去稻城的长途班车就始发于隔壁的新南门客运站。

饭店的房间有几种规格，标准间、普通间和非常紧俏的单人间，在各大订房网站上可以预订到饭店不时推出的优惠房间。楼道里铺着地毯，射灯照在墙壁上的装饰画上，每层楼道的公共区域都摆放着书架，上面是各种类型的书籍，墙壁上巨大的四川行政区域地图上清晰地展示着四川那些迷人的风景，理塘、稻城、红原、若尔盖、马尼干戈、新路海。这些极富人文自然景观的地方，是令每一个来到四川的旅游者都心生向往的地方。

对于在旅途中有需求的游客，大堂电梯入口的留言板是个不错的地方，无论是拼车、找人还是发布信息，只要在留言板上写下你的需求，也许接下来的旅行就会有不一样的经历。

临江路

漫步绿荫下的迷人乐章

这条沿着成都府南河东西延伸的绿色步行道，安静地迎接每一个日出，又默默地送走每一个日落。它曾经目睹了古老城市的繁盛，又目睹了这座城市的贫困潦倒；它曾留下无数远行游子的蓉城记忆，也回味着城市变迁的众多印记。它依旧默默地守护着这座城市的每一天，静静地看着城市的崛起和变迁。

临江路一直与府南河为伴，它沿着河道的走向蜿蜒，步道边是绿树掩映，这座城市最市井的画面在这条河边小路上可以轻易地瞥见。成都人的生活悠闲，这是世人公认的成都印象，那么成都人到底有多悠闲？也许在临江路上会找到有趣的答案。

当清晨太阳跃出地平线，这座城市还没有完全睁开惺忪的双眼，临江路步行道上就已经活跃起来了，晨练的人们早已享受着绿树环绕的清新空气和河岸边温暖的晨光，他们时而弯腰压背，时而踢腿扭胯，或是凝神静气打着太极拳。此刻河面上白鹭飞舞，它们时而振翅高飞，时而驻足林间，有了这些白色精灵的眷顾，这条原本平静而普通的府南河一下子就有了无限的生机。随着晨光的映射，城市早已苏醒，忙碌的身影逐渐布满了河边的小路。这阵早高峰的大潮过后，临江路又恢复了平静，岸边茶馆里的人三五成群靠在竹椅上或是山南海北地摆着“龙门阵”，或是四人一桌拉开麻将的牌局。再看那河岸的围栏边，早已聚集起垂钓的人群，一副鱼竿，一张板凳，一脸悠然垂钓的模样，不时有惊呼传来，鱼竿上的收获总能引来一片路人的围观，好一阵热闹的围观，让河岸边不时高潮迭起，钓

者享受着众人的夸赞，这也许就是垂钓的乐趣所在吧。再看步道的座椅上，巧手妇人正在制作着手里的织品，一个杯垫，一块盖布都是巧妇一针一线编织的。

随着太阳的西去，临江路一天中最美的时刻即将出现，在阳光的映射下，长长的影子和耀眼的夕阳在眼前编织出一幅迷人的落日景象，逆光下的金色最美，当然顺光下的金黄色更艳丽。再等一等，随着华灯初上，临江路上即将呈现出迷人的夜色；再等一等，岸边摩天大楼的灯火亮起，临江路将在迷人的夜色中奏响一天中最温婉的乐章。

合江亭

屹立在古河边的合江亭

有着悠久历史的成都，遍布着那些令人值得回味的古迹，滨江东路上的合江亭算得上是最值得驻足的一处。穿过熙熙攘攘的滨江东路，来到府河与南河交汇处，你会看到一座环形的双亭立于河边，写着“合江亭”三个大字的匾额高悬在亭子的入口，入口的立柱上是颇具古韵的对联，双层六面挑檐的屋顶会把你带回到千年前的盛唐时期。

合江亭孤立于岸边，身下是流淌千年的府南河，如果一定要追溯合江亭的历史，一定会超出许多人的意料。它的历史可以从 1 300 多年前的唐朝说起，那时合江亭边是繁忙的水路码头，水中船帆招展，岸边人头攒动，水路出川相比陆路，是更为便捷的出行选择，尤其是乘船远航东吴，岸边时常上演孤帆扬起千层雪的景象，十根立柱托起的合江亭，目睹了多少离别往事，也引得无数文人墨客扶栏抒怀。那句"窗含西岭千秋雪，门泊东吴万里船"就是当年诗人在合江亭边抒怀的写照。

唐朝的合江亭并不孤单，沿江曾经建有两座亭台，合江亭位于中间，左右两侧的张仪楼、散花楼曾经构成了府南河上的一水亭台风景。繁盛的唐朝，人民生活富足，合江亭里曾是成都最早的公共娱乐场所。曾经的常年战乱，抹去了合江亭昔日的繁盛，凋敝和凄凉

的景象不仅伴随着合江亭，还伴随着风雨飘摇的王朝。随着蒙古大军战火的席卷，合江亭最终消失在历史的长河里，只留下一片荒草丛生的空地。

好在成都人没有忘记合江亭带给成都的繁盛景致，得以重生的合江亭依旧守望着两河的交汇，再次见证古老城市的新面貌，经过绚丽灯光的修饰，入夜后的合江亭分外迷人，灯火映射中，古老的合江亭仿佛在静静地诉说着千百年来的兴衰往事，有身边的江水为伴，夜色中的故事令人回味悠长。

沿着台阶走进合江亭，会瞬间把你从喧嚣中剥离，这里很少见到游客的身影。立柱相连的凳子上坐着遛鸟、拉琴的老人们和三五成群鏖战、观战的棋迷们，他们聚精会神，他们全情投入，仿佛在这座千年的合江亭里度过的时光才最为惬意。

水井坊博物馆

古韵曲水的杯中芬芳

中国是盛产白酒的国家，遍布在全国各地的酒窖数不胜数，然而大规模留存至今的酒坊并不多见，古时的酒坊到底是什么样？不妨到成都的水井坊博物馆里去一探究竟。

从合江亭向南，绕道水井街，沿着一路的灰墙向前寻找，在路尽头就是水井坊博物馆，博物馆外一面高大的黄色幡旗十分显眼，即使在晴天里，博物馆灰色的砖瓦也显得有些沉

闷。博物馆内部大致可以分作三个区域，传统酿造技艺模型展区、酒坊遗址展区以及酒文化体验中心。

翻开水井坊的历史，六个世纪的漫长时光足以酿造这一杯酒的醇香，更可贵的是从酒坊诞生到酿酒遗址出土被发现，水井坊一直在这锦江河一湾碧水旁，默默地散发着醇香。在酒坊内的专职讲解员热情的引导下，一场知识含量极高的白酒之旅在射灯的光芒间展开，由于该酒坊是我国发现的古代酿酒和酒肆的唯一实例，被誉为古酒坊中的“秦始皇陵兵马俑”，同时水井坊酒传统酿造技艺被列入《国家级非物质文化遗产名录》。走进传统酿造技艺模型展区，微缩模型配合绘画，穿越时空般地展现了水井坊的历史，从宋代的锦江春，到明清的福升全，从新中国成立后的成都酒厂、全兴酒厂，再到当今的水井坊，几个世纪的演变，这一杯蒸馏后的琼浆依旧香气四溢。在酒坊遗址展区里，巨大的木梁支撑的地面上是古老酒坊的遗址，这是在 1998 年一次酒厂厂房施工中的意外发现，沉睡在地下的中国古代典型的“烧酒作坊”得以重见天日。讲解员说道：“遗址被完整地保存，最终成为水井坊博物馆的一部分。”看着脚下龟裂的黄土和残缺的遗址，仿佛时空在偌大的展厅里交错，眼前是挥汗如雨的古人在热气蒸腾的酒坊中忙碌的身影，掀开蒸汽翻腾的大锅，清澈的琼浆散发着诱人的气息，瞬间弥漫在酒坊中，这是中国白酒特有的香气。在另外的一

间展厅，可以真正品尝到水井坊的原浆白酒，“我们水井坊出产的是浓香型的白酒，这是汉族白酒的经典味道。”拿着酒杯一饮而尽总觉得有些可惜，我分作三口细细品尝，瞬间唇齿间香气回荡。

最后是酒文化体验中心，这里不仅有中国的白酒，还有来自各国的蒸馏酒，如伏特加、威士忌和金酒。一个小时就这样过去了，走出博物馆，口中原浆的香气还未散去。

安顺廊桥

千年廊桥的旧梦和今生

在南宋王朝最后的岁月里，一队金发碧眼的欧洲人翻越巍峨的秦岭，经过广元，一路西行 20 日进入成都府。这一行人中有一位叫作马可·波罗的意大利人，在他的笔下是这样描写成都的：“有一大川，经次大城（成都），川中多鱼。”而古廊桥在《马可·波罗行记》中是这样记载的：“桥长视川之宽狭为度，而桥顶饰红色，覆以瓦……”

随着南宋的灭亡和元朝的兴起，经历战乱的成都凭借蜀地独特的人文气息和雄厚的商业底蕴逐渐从战争的伤痛中恢复了元气，锦江之上船帆来往穿梭，古廊桥之上设立元朝政府的税务官站，这座古桥曾多次在马可·波罗的笔下被提及，也见证了当年成都商业兴盛的景象。

古廊桥几经兴废，最终在2003年得以“新生”，新建的廊桥似乎还要延续其昨天的兴盛，廊桥栏杆护板上雕刻的梅兰竹菊似乎也要衬托出古桥雅韵的氛围，四只镇水神兽威严地蹲守在廊桥入口两侧，并配以朱红牌坊。略带伤感的《廊桥赋》写得也荡气回肠：“廊桥遗梦，梦系廊桥。萍水逢，生死恋。情书似青鸟，翩翩飞上廊壁。骨灰化粉蝶，凄凄绕过桥栏。荡气回肠……”

如今廊桥的惊艳是因入夜后灯光的璀璨，在灯火阑珊间，安顺廊桥倒映在河水中，夜色迷离中亦真亦幻的桥，仿佛带着昨天的回忆来到眼前，看锦城的繁华，廊桥月梦。

走进桥上的餐厅，凭栏而坐，要一杯清茶，赏月明水静。

九眼桥

古说宝藏今犹在

成都自古环水而居，桥就成为成都的一道景观，曾几何时锦江河上船影往来如织，古桥边人影摩挲，出现在明朝万历年间的九眼桥就是其中的一座。

沿着滨江东路穿过安顺廊桥，沿着河边的丝管路向东，可以看到一座横跨在河面之上的大桥，那就是一环路上的九眼桥。我拿着相机正在拍照，一位坐在身后长椅上的老人开

口说道：“那是新修的大桥，老桥 1992 年就拆掉了。你前面下坡的地方，原来就是九眼桥码头。”

九眼桥诞生在 400 多年前的明朝万历年间，桥形似长虹，桥下有九个桥洞，得名“九眼桥”。有关这座桥的传说很多，铁拐李在九眼桥升天的大脚印、桥下深不可测的“海眼”等，虽然这些民间流传的故事说得有模有样，但只是些坊间的趣谈，近代的九眼桥，目睹了水运繁忙的景象，也目睹了那些以水为生的人们的凄惨人生。当年九眼桥一带大烟馆、赌场兴盛，那些身形消瘦的苦力们，把仅有的血汗钱挥霍在鸦片和牌桌上，可想那些输光了钱被扔出赌馆，因吸食鸦片如行尸走肉般的人们最终的下场。民国末期的九眼桥一带更是成都贫穷市井的写照，如那些卖儿卖女的悲剧、那些衣不遮体的流浪者，使这里被称作旧成都的“人市”。

历史上的九眼桥还曾是淘客们追逐的宝地，据说当年张献忠败走成都时，曾将大量的金银珠宝藏在九眼桥一带，20 世纪 30 年代曾进行大规模的打捞，几经周折，从河底打捞

起一头石牛和一面石鼓，但就是没有人们期盼的耀眼珠宝，从此九眼桥便流传着“石牛对石鼓，银子二万五”，不知是调侃还是人们发自内心的期盼。

九眼桥最终在 1992 年被拆除，宝藏的秘密也许会永远成为成都人心中的无限遐想。如今九眼桥边成为一片灯光璀璨的世界，酒吧街的出现仿佛让九眼桥一带重现了古时的繁华，入夜后，逐渐变得喧嚣的霓虹灯下是成都新的面孔。

九眼桥下丝管路上的酒吧一家挨着一家，这里有安静的绿树小院，也有纵情高歌的酒廊，性格各异的装饰，带给你足够的愉悦感。

望江楼公园

青竹婆娑的江边绿海

成都望江路每天川流不息，人来人往，远远看去，一派熟悉的城市景象。好在与锦江依水相伴，就在这一弯水路旁，却拥有一片青翠的世界，这就是望江楼公园，市区最繁华地段上的一片宁静。红墙、翠竹和才女的传说是望江楼公园最值得回味的地方。

锦江在城东拐了一个大弯，望江楼公园就在这个拐弯上的一角，沿着望江路，有几处公园的入口，通常西南的主入口最容易寻到，走进公园，满眼的绿色扑面而来，竹子是这

公园里最美的风景，在园中小坐是非常惬意的事情，长椅板凳边，是笔直高大的竹，细心点你会发现竹叶有些宽有些窄，公园里汇集了观音竹、人面竹、大明竹、龙丹竹等众多品种的竹子，百种竹子在园中“争奇斗艳”，对于爱竹之人来说，蜀南竹海太远，来望江楼公园同样可以感受到风过竹海的景致。

望江楼公园是锦江边最大的一片竹林公园，“80 后”的周姑娘已经记不清来过这里多少次了，只记得每次徘徊在竹林间，思绪总会随着风中的竹叶飘荡。“望江楼公园就像我们大学（四川大学望江校区）的后花园，这里真美。”周姑娘说道。

对于大多数远道而来的游客，才女薛涛的传说才是公园的魅力所在。薛涛是唐朝后期的成都才女，官办乐伎的身世和不幸的感情经历是后人笔下对于才女的叹息，一段飞蛾扑火般的短暂恋情，落得一袭道袍加身，绝于尘世之恋，在凄零中离开人间。她留给后世的

不仅仅是诗词间的陈韵回味，更有一片诗笺存世流传，聪慧的薛涛为了寻找一片能够适宜书写诗句的纸张，用成都常见的木芙蓉为原料，打浆造纸，命名为薛涛笺。公园内的薛涛井传说曾为造纸取水之处，这种纸写诗真的那么好用吗？我们自然不得而知，但是从古诗词里似乎可以判断，才女的纸笺很受后人追捧，“浣花笺纸桃花色，好好题诗咏玉钩”。这种粉红色纸的魅力到底有多大？唐朝诗人韦庄的《乞彩笺歌》的词句间无不流露出对于薛涛笺的遐想。

登上园中的望江楼，凭栏远眺，眼前是婉转流淌千年的锦江水，身后是一片翠绿摇摆的无边竹海，对于文人墨客，这里是怀古探幽的好地方，对于普通游客，这里则是观赏一片绿色竹叶海的静园，风吹竹叶沙沙作响，满园的竹色只为一人吟唱。

壽

西御街·
少城路

游客们时常在这一带出没，抬头看见的是繁华中的高楼大厦，低头寻见的是茶楼里的悠闲时光。人潮汹涌的商业街里走一遭，大快朵颐后回头看去，那星星点点的历史遗存依旧是这座城市历史脉络中的闪烁星光，繁华之后的余香只有在这些闪烁星光中找寻，它就在那里静静地等候着你的到访。

蜀都大道
蜀都大道
祠堂街
东城根南街
新华日报驻成都办事处旧址
人民公园
钟水饺
鹤鸣茶社
祠堂街
廖老妈蹄花
西御街
西御街
东城根南街

从流光溢彩到市井百态

这里是成都的核心地段，从西御街到少城路，一路走来，成都的历史就刻在你的脚下。这里曾是高墙深院的王城故地，这里也是成都故事的发源地。

当年明朝的藩王府可与明都北平的故宫相媲美，整座城以它为中心，有城墙、护城河环抱，街道错落有致。当时的成都可谓王朝最繁华的重镇，便捷的水路交通，让成都商贾云集，这里曾经是古商道上“冒险家们”的乐园。

西御街上曾经耸立着皇城最南侧的外墙，战乱和革命的烽火推倒了旧时帝王的宫殿，好在曾经的名字还没有被遗忘。沿着西御街漫步，高大的清真寺里留存了当年穆斯林们对于先民的许多回忆。沿街清真餐厅里依旧是纯正的美味，来一碗羊肉汤再开始这一天的旅程想必是个不错的选择。

成都从来就不缺少一口美食，我们不说煎炒烹炸的精致川菜，就说街头巷尾的特色，一碗红油泼洒的钟水饺，一碗白汤绵软的蹄花，一嘴麻辣香，一口四川味，成都美食的精华总是深藏在这些小吃的回味里，没人能够说清楚这其中的滋味，每每舌尖触碰到小吃的味道，成都人总能够想到家乡的景象。这是食物的魅力吗？也许吧，因为它早已融入成都人的血液里，成为无法抹去的一部分。

掂量掂量西御街到少城路一路的精彩，哪一个不是历史风云后的沉寂？哪一处不是市井百态的一幕？更有令你味蕾跳跃的独特味道。再寻觅一下吧，或许那栋老楼中就住过改变国家命运的神秘人物，只要你够细心，这里一定有打动你的故事。

新华日报驻成都办事处旧址

老院木门后的革命岁月

祠堂街里有着被成都人遗忘的时光，祠堂街上曾经有一座清朝八旗子弟为年羹尧修建的祠堂，时过境迁，祠堂早已不见踪影，祠堂街却因此得名。

宣传片中那些炫目唯美的画面里，或是天府广场上灯光变幻的八卦图，或是人民公园里的市井百态，或是环城路上的汽车川流不息。再看看这里，老街小巷里的影色暗淡，院落里的过往被剥蚀，实在是难登大雅之堂，人们也在渐渐忘却这里曾经的往事。

一部叫作《潜伏》的电视剧，让人们的目光再次聚焦到祠堂街 38 号的大院里，祠堂街也逐渐成为游客们来到城市时探寻秘密革命岁月的地点，抬头看到的是绿色的法国梧桐树茂密的枝叶，38 号位于祠堂街的中段，要不是特意寻找，那个不起眼的入口很容易被错过。“是来看新华日报驻成都办事处旧址的吧？”柜台前的阿姨问道，“那个《潜伏》的电视剧一播，这里就热闹了，都是来看院子的，往前走几步，右手边的那个门里就是。”

院子的入口真的很小，要不是门上挂着门牌号和一块新华日报旧址的铭牌，很容易错过。走进狭窄的院门，脚下是被磨平的青砖地面，抬头是一栋三层的旧式阁楼建筑，斑驳的墙面和狭窄幽闭的空间让人觉得有些压抑。

新中国成立前，这里曾经是《新华日报》（中国共产党主办的第一张全国公开发行的报纸）成都分社的办公地点，踩在嘎吱作响的木制楼梯上，如今院子里基本上都是外来的

房客，对于手拿相机满脸好奇的游客，这里的住户也是司空见惯。正在一楼洗菜的阿姨抬头说道："来拍照的吧？楼上的那个客厅就是当年地下党开会的地方，周总理原来还在这里住过。"顺着她手指的方向，我看到二楼那个紧闭的房门，说话间几个学生模样的年轻人走进院子，这几位川大的历史系学生，有模有样地为我讲述了小院的历史。

1938 年到 1947 年，这里曾经是《新华日报》的成都分馆，电视剧《潜伏》中的男主人公余则成的原型就来自当时中共打入国民党内部的情报人员黎强，由于身份特殊，他受周恩来、董必武等中共高层的直接领导，直到 1947 年成都地下党组织被破坏，这里一直是一处重要的秘密联络地点。

人民公园

最市井的人民公园

成都的人民公园就如同这座城市里的中央公园，地理位置得天独厚，满目绿树成荫，是这座城市的“绿色源泉”。成都人似乎很享受人民公园里的惬意，要不然怎么会将大把的时光留在公园的绿荫下呢？

修建于 1911 年的公园原名少城公园，历经变迁的公园至今依旧是成都人最爱的消遣首选地，从祠堂街的《新华日报》旧址穿过马路走进公园，瞬间那个嘈杂的世界就被挡在

了大门之外，满眼的绿色，悠闲的人群，时间在园内仿佛一下子就失去了意义，顺着人群不一会儿就会来到一片茶桌边。成都人喜欢喝茶，确切地说喜欢在茶桌上消磨时光，一茶一桌，一张报纸，任由太阳东升西落，合上报纸闭目养神，被阳光笼罩的感觉一定很妙。多数的茶桌上，人们四目相对，海阔天空的“龙门阵”聊得正嗨，上到天文地理下到鸡毛蒜皮，在茶桌上都能够找到碰撞的火花，有来言必有去语，很是热闹。

公园里最精彩的还要说成都人常说的“人生三大乐”，那就是“结婚、搓麻、掏耳朵”，这掏耳朵可是成都最有趣的一项消遣，一把纤细的传统工具，外加一个戴在头上的射灯，一旁椅子上无比惬意的掏耳人，外人看着很是紧张，在成都人的眼里却是一种无比“销魂”的享受，公园里从来不乏采耳郎的身影。我刚坐下的时候的确有些紧张，当采耳郎说笑着把工具伸进耳朵里，一阵仿佛直触心底的快感从耳中传来，当工具触碰到耳町时发出的共

鸣声最是神奇，说话间耳朵里被清理干净，采耳郎向你展示“战利品”的时候，耳朵还在怅然若失中回味着，这奇妙的感觉也许只有亲历者才可以体会。

人民公园绝不仅仅是一方茶社的天下，公园内绿树成荫，流水潺潺，金水溪上荷叶交叠，荷花盛开，倒影之外是梦幻的亭阁，这景色在莫奈的笔下想必又是一幅惊世之作了。文艺青年最钟情园中树荫遮蔽下的清凉，一树一本书，文字里的精彩世界就呈现在眼前。公园里总是不乏孩子们的身影，就是一片树叶悄然落地，池塘里的一个涟漪或是花间飞过的蜻蜓，都会招来孩子们欢快的笑声。

时间在公园里静静地流淌，人们日复一日地享受着绿树、小溪和茶香赋予生活的意义。成都人很懂得享受，难怪公园的树荫下、池塘边总会留下成都人不紧不慢的身影。好惬意的人民公园，好悠闲的生活节奏，好幸福的成都人。

川軍抗日陣亡将士纪念碑

鹤鸣茶社

茶社里的成都生活

鹤鸣茶社很好找，它就在人民公园的中心地带，茶馆的入口立着大大的牌坊，走进牌坊，放眼望去院子里全是黄色的竹椅子。

鹤鸣茶社创建于20世纪20年代，是当年少城公园（今天的人民公园）六大茶社之一，茶馆老板来自大邑县，因此用家乡的道教发源地鹤鸣山来命名茶社。园内其他的茶馆早已

消失在时间的长河里，唯有鹤鸣茶社一路走到今天，成为成都内城历史最悠久的老茶馆。

院子里那几张大理石桌是茶馆的老物件，当初茶馆开业时它们就在那里，一直未换过地方，这几张桌子据说也是茶馆常客们最喜欢的一方天地。与其说这里是茶楼，倒不如说是茶园更贴切，院子四周是一圈长廊环绕着一片庭院。午后的阳光懒洋洋地透过枝叶洒在庭院里，原本以为这个时段茶客会少一些，看来是我低估了成都人对于茶馆的钟爱，庭院里已经人头攒动，那几张大理石桌子早已经被老茶客“攻陷”了。我找了一个角落坐下，看看四周的人们随意地聊天，慵懒地晒太阳，专注地打麻将，成都人真的会享受生活，难怪人们说“宁可不去春熙路逛街，也要到鹤鸣茶馆喝杯茶，茶桌上才可以感受到成都的市井百态和成都人的悠闲”。点茶很简单，一张名片大小的茶单递到手上，幽香碧绿的竹叶青是最受欢迎的，不多时服务员就会把热茶递到你的手边。青色的盖碗，绿色的茶叶，温润的茶汤，悠闲的时光就从这一杯茶开始。采耳郎绝对是茶馆里最有趣的人物，手里的镊子发出清脆的响声，这声音似乎有魔力，让你无法拒绝采耳的乐趣，感受一下成都独有的掏耳朵，这其中的美妙是无法言喻的。

送水师傅最辛苦，拿着大茶壶在人群中穿梭，给盖碗茶添水绝对是个技术活。细长的

壶嘴在送水师傅们的手里简直就是一个滴水不漏的开关，无论多么拥挤，送水师傅总能自如地把手里的茶壶把弄得服帖，抬手起，下手落，毫无滴漏地为你续满杯中的水。

一个下午的时间就这样不知不觉地从身边溜走了，手中的这杯清茶依旧飘香，眼中的成都人真的是这样悠闲地对待每一天，也许就是这份惬意或是对待生活的乐观态度，才是造就这份悠闲的心境吧。

钟水饺

公园里的传统小吃

说到钟水饺，你的脑海里一定会闪现出天府成都，一定会想到诱人的川味小吃。蜀地小吃很多，钟水饺是其中最受欢迎的一种。钟水饺是成都传统的面食小吃，因为便宜、便捷、美味，就连远道而来的港台影星都禁不住诱惑，要点一碗钟水饺解解馋。

这家开在人民公园里的小吃店有些年头了，迎来送往的都是些公园里的常客，对于他

们小店里的餐食早已烂熟于心，餐单似乎都是多余的摆设。店铺是一栋二层的古香古色的小楼，门头牌匾上“紫薇阁”三个字很是醒目，点餐台位于一层大厅内侧，餐台后墙上明晃晃的灯箱上是店内所有餐食的名称和价格，让人感觉到浓郁的国营商店氛围，店里除了招牌的钟水饺之外，还供应龙抄手、赖汤圆、担担面等。

同桌的阿姨正看着她的小孙子狼吞虎咽地吃着碗里的水饺，“我们常来这里吃小吃的，人民公园里空气好，我家小孙子就喜欢吃这里的水饺。”阿姨说赶在周末，店里吃饭的人很多是上了年纪的老人们，他们喜欢公园里的茶馆，喜欢公园里的绿树，更喜欢这口味道浓郁的川味小吃。

这家店里的水饺有很多口味，原汤水饺、炖鸡水饺……人们喜欢水饺，不仅仅是因为里面的馅料，淋上的红油，微甜带咸，略带辣味，这种咸、甜、香、辣、鲜于一身的混合味道，才是征服食客们味蕾的法宝。

当然菜单上的红油抄手、川北凉粉也是颇受欢迎的小吃，老字号里面的味道是否真的独特，这还要你亲自品尝之后才能作答。

廖老妈蹄花

一碗“巴适”的老妈蹄花

川人好吃，自然对于食物的制作颇费心思，如果用“酒香不怕巷子深”来形容那些隐藏在成都大街小巷里的特色小馆，那么走在成都街头，扑鼻的香气一定会四溢。

廖老妈蹄花总店位于人民公园东门外东城根南街上，显眼的地理位置让你很容易就能找到。

其实餐厅面积不算大，小而局促的店面分成了上下两层。餐厅里打扫得非常干净，对于顾客来说这可是加分项，两个人并排就有些拥挤的过道和人声鼎沸的厅堂，并没有影响顾客们对于这碗蹄花的喜爱。显然这里生意非常不错，走进餐厅，空气里弥漫着一阵清淡的肉香，楼下的座位已经全部坐满，上到二楼找了一张桌子坐下，我直接点了一份招牌菜雪豆蹄花。

蹄花最重要的就是要处理干净，没有异味。老板说，每天新鲜的猪蹄一到店，就开始整理、清洗，处理的过程非常耗时并且烦琐，将清洗后的猪蹄切块，并与事先准备好的芸豆一起炖煮，加以特色的配料，长时间的炖煮以及火候的控制，是决定最终汤汁鲜美与否的关键，上桌后的蹄花会配以蘸料，汤汁味道鲜美，且猪蹄烂糯。

一阵等待后，雪豆蹄花终于上桌了，第一口的汤汁味道有些清淡，并不咸香，谁知几口下肚就“欲罢不能”了，汤汁的味道在舌尖得到充分释放，裹上配送的蘸料，蹄花入口绵软酥烂，毫无异味。我又点了一碗白饭，一碗汤汁全部拌饭入口，唇齿间香气四溢。难怪小小的餐厅总是人满为患。

除了诱人的蹄花之外，这里还有咸香的蒜泥白肉，爽口的炒双脆。说话间餐厅门口已经排起了长队，蹄花的香气在四周弥漫着。

西御街

蜀都皇城的西御街

成都天府广场南侧，一条东西走向的大街在南北走向的人民南路的分割下被划作两段，东段称作东御街，西段称作西御街。

一个“御”字似乎可以揣摩出这条大街的过往。在成都的史料记载中，明代的蓉城有一座坐北朝南，据说可以和北京故宫媲美的蜀王府。成都人口中的皇城，东、西御街的所

创意蜕变的新蓉城

如果时间回到四十年前，不会有人想到旧厂房能够成为时髦的办公区，更没有人能够想到，把商店、咖啡厅、影楼、旅馆开在工厂车间里会成为一种时尚，这种被称作创意园的新生事物，会成为城市活力创意的大本营。

红光电子管厂这个随着时光被人们逐渐忘却的名字，在创新浪潮不断涌动的今天，突然成为时代的新宠，那些大工业时代留下的巨大烟囱、纵横交错的铁架，成为时下人们展现独特个性的新地标。曾经的老厂区终于重新露出尊荣，一不小心成为这座城市时尚文化产业的焦点。那些手拿相机，一身文艺打扮的游客蜂拥而至，周边的老房子仿佛也看到了“春天”的到来。园区里的新主人们文艺范十足，他们带来了新鲜感十足的玩意儿。“东郊记忆”是人们对于创意园区的称谓，也许它来自那些把青春奉献给工厂时代的工人们，也许是来自那些连车床都没有见过的人们，其实这些并不重要，重要的是人们没有无情地把一个时代的记忆统统抹去，而是赋予了它们新的生命。那些高耸的烟囱，锈迹斑斑的铁架和巨大的厂房让人们感觉到重生的可贵，要不为什么会有那么多的人慕名而来，他们来到这里只为一睹“东郊记忆”。

iBOX 创意园

城市里的彩色盒子空间

iBOX 是成都另类概念的建筑社区，这个来自大洋彼岸的新潮概念，把集装箱的结构叠加成为复合型建筑，这样的结果会产生什么样的化学反应呢？

每天经过牛王庙路口的路人，总会不自觉地被路边色彩艳丽的一堆“箱子”所吸引，在年轻人的眼里，这一堆造型奇特的大箱体足够吸引人。“iBOX 创意空间”是这里的全称，

被刷成红、黄、蓝、黑四个颜色的 20 个大小不一的集装箱，交错地构成上中下三层空间。

走进创意园，首先被那些鲜艳的色彩所吸引，红色和黄色基本位于空间的主要位置，远远看去似乎随意堆积的集装箱，其实是建筑构造上的错觉。也许是我来得有些早，园区内很多店铺还没有开门，小广场上显得有些冷清，几张桌椅随意摆放着，几个玩滑板的少年，正在广场的一角奋力地做着各种动作，只见一个少年脚踩滑板腾空而起，在空中滑行并旋转着，一个完美的落地，引得同伴们阵阵欢呼。

成都的 iBOX 是纯粹的英国舶来品，源自 BOXPARK 的构建理念，利用集装箱的特殊结构堆积成为一处个性十足的建筑社区，把创意展示、艺术、咖啡馆和画廊引入集装箱中，使其成为艺术呈现的一部分，整个 iBOX 就是一件艺术品。

园区里面有很多工作室，很有意思，奇思妙想是工作室里最吸引人的亮点。平时我喜欢逛逛这里的画廊，网上还有“成都 iBOX”的主页，上面经常会发布一些园区的活动信息。

个性十足的现代艺术对于大多数人来说还是生涩难懂的事物，但是色彩鲜艳、造型奇特的 iBOX 社区就比较容易让人接受，除了那些思想意识超前的艺术家们，来到这里的多数人更愿意拿着相机在园区里留个影，或是在咖啡馆里享受一下轻松的时光。让人们去完全理解艺术的确有些难，但让人们轻松地“呼吸艺术的气息”就比较容易，看来 iBOX 社区做到了这点。

U37 创意仓库

老仓库的艺术新生

U37 创意仓库所在的位置有些难找，虽然地图显示位于成都东二环以内，但真正一路找来有些费力，我在水碾河路那侧的楼群里一通打听，终于找到了园区的入口。

创意园的前身曾经是成都市医药集团仓库、厂房。像很多的仓库一样，这片厂区在时代的潮流里华丽转身，成为个性十足的创意园区。咖啡馆、特色餐饮、个性小店纷纷入驻，

使得原本消沉的旧厂区恢复了生气。

走进创意园的大门，还是能够感受到厂区清冷的气息，爬满绿植的厂房建筑显得有些古旧，沿着红砖铺就的路面向深处走，能看到工业时代的痕迹，让人仿佛穿越时光的隧道回到几十年前。

一处藤蔓覆盖的窗前，一队人马正在拍摄照片，主角自然是那个在绿植前故作深沉的女青年，随着闪光灯的频繁闪烁，镜头前的姑娘不断地变换着姿势，或是忧郁或是喜悦。团队的摄影助理是个爱说的小伙子，他说："园区里有几家摄影工作室，这里的环境得天独厚，是拍写真最佳的选择。"说话间拍摄队伍转场到前面的红色电话亭那边，继续着你拍我摆的写真创作。

走进了一家经营台湾风味的餐厅，推开低调的大门，室内却有着巨大的上下两层空间，屋顶原木混合着粗大的钢架，从屋顶垂下的吊灯中散发着暖色的光，餐厅里弥漫着一股后工业时代的味道，这里的台湾卤肉饭是必点的美食。午餐时间这里人烟稀少，似乎没有游客的身影。

店里的服务员说，U37 创意仓库位于城市中心，位置是不错，但由于周边都是老旧小区，街道比较狭窄，没有停车位是个大问题，只有周末的时候人还多些。几个年轻人推

门进来向店员打听一家小店的去向，却被告知店已经搬走了，由于客流量不大，园区里实力较弱的店家经常更换。

好在园区里有着摄影师钟爱的气氛，也是文艺青年们抒怀的好地方，相信创意仓库一定可以迎来阳光明媚的“春天”。

绘咖啡

点缀着巨大吊灯的咖啡馆

创意园区里从来不会缺少咖啡馆的身影，绘咖啡就是 U37 创意仓库里个性鲜明的一家咖啡馆，它距离七号仓库不远，从七号仓库向南就可以看到这家色彩艳丽但门面有些低调的咖啡馆。绘咖啡在成都有多家连锁店，而且在成都的咖啡圈里享有一定的知名度。

同样是由旧厂房改造而成的咖啡馆充分保留了厂房大空间的特点，室内是粗糙的墙

面，巨大的挑高空间，由深色钢架支撑的纯木色的斜坡屋顶，从屋顶钢梁上垂下的复古吊灯和电风扇，让人充分享受着大空间带来的愉悦。多种绿植点缀和分隔着室内的空间，视觉上既通透又私密，巨大的落地玻璃窗让光线尽情地洒向房间里，明暗的过渡在室内形成视觉上的二维空间，通常吧台顶上的二层座位最受欢迎，从栏杆边的座位上俯瞰，咖啡馆的景色尽收眼底。一层书架上的各色书籍是打发时间的最佳伴侣，玻璃窗边的座椅上有让人变得懒洋洋的温暖阳光。

咖啡和蛋糕的香气在房间里弥漫，这种混合的香气总让人欲罢不能，其实绘咖啡不仅仅能够满足你嗅觉和味觉上的享受，不仅仅是端着咖啡在阳光下享受时光流淌，或是躲在角落里和爱人耳鬓厮磨一番，回到原点，这里更像是充满香气的艺术空间。

其实第一次关注这家咖啡馆，是从网上发现的。无意间点开绘咖啡的微博，一组组文艺气息浓郁的人像照片吸引了我，这些拍摄于咖啡馆内的照片之所以令人赏心悦目，就是因为咖啡馆内那些充满文艺气息的角落。我之后常来这里坐坐，看到了室内人像创作的有趣过程。

就是这样一家宁静中带着艺术气息的咖啡馆，时常上演着文艺青年们心中的独幕剧。“时光是用来享受的”，在这家咖啡馆里总能想起这句话，看看人们在闪光灯下的抒情表演，再看看窗外的阳光明媚，时间就这样无声无息地从你的指尖上流淌过，只有桌上那杯咖啡依旧散发着浓郁的清香。

巴蜀大宅门火锅

古色古香的火锅

这家火锅店从大门到灯饰，都充满了古色古香的味道，尤其是红红的灯笼，看着极其喜庆。由于生意火爆，经常需要等座位，临窗的位置更是抢手。

店里最出名的招牌菜是现炸的酥肉，油爆椒香，一口下去满嘴都是油，口感非常好。除此之外，挂面鸭肠、黄喉、牛肉、毛肚、鳝鱼、虾饺也值得品尝。在吃完火锅之后，建

议来一碗冰粉，弹牙爽口，吃下去很解腻。

巴蜀大宅门火锅味道又麻又辣，过瘾得很。最有特色的是一双长筷子，拿它涮东西就不怕油溅起来烫到手了。因为价格便宜，店里天天人满为患。走进宽敞的大厅，热气腾腾的场景再加上那扑鼻的麻辣鲜香，让你食欲大开。店里酸梅汤味的冰粉非常好吃，红糖糍粑也很受欢迎，比起其他店切成长条浇上糖浆的糍粑，这家店则是把糍粑切成小块，然后让食客根据各自的口味去蘸料，更加受到大家的欢迎。

花房小舍青年旅舍

让你享受家一般的温馨

旅舍所在的环境很好，有家的温馨感觉，让人有冲一杯咖啡、慢慢在此消磨一个下午的冲动。这家店的老板是一个大眼睛的姑娘，很热心，会为客人提供各种咨询，她还烧得一手好菜。旅舍内还收集了很多美食攻略，作为一个“吃货”，到这里是来对地方了！

旅舍的房间装饰得很符合年轻人的口味，环境很干净，并不是白色的，而是花花绿绿

的，与墙壁搭配起来让人看着很舒服。

花房是一个由“吃货”组成的小舍，非常温馨。客舍的装修风格有地中海风、乡村风等。花房特别干净，床也很舒适，作为一个青年旅舍它很有家的感觉。一群人看电影，吃饭，坐在一起聊天……花房位于小区中，从这方面看算得上是一家家庭公寓了。这里的小区也很漂亮，就像建在树丛里的小区，绿化面积很大，小区有保安负责巡查，很安全。附近购物的地方很多，吃饭也很方便。

花房小舍是一个你能享受到孤独却又能寻找到温暖的地方。

东郊记忆

工业复兴的今日回忆

东郊记忆在成都众多的创意园中是老资格的“排头兵”，它是第一批华丽转型的创意园区，让曾经沉寂的成都东郊再次焕发出蕴藏的活力。

创意园在中国是一个新鲜玩意儿，自从北京 798 园区转型成功，这种以废旧厂房为载体的园区如雨后春笋般在中国各个城市里应运而生。东郊记忆是成都最先转型成为创意园区的一批，之后随着市区内众多创意园的创建，这里沉寂下来，好在成都市政府一直扶持

园区的事业，经过不断的完善，东郊记忆最终成为一个综合体。

“那里早年间曾经是国营红光电子管厂的厂区，我同学的父母原来就在那个工厂上班，工厂很大，之后就成为创意园了。”旅馆前台的服务员是这样对我说的。

的确，当年园区转型的时候很轰动，让它成为一时的 “明星人物”。打车来到园区的西大门，大门边一个满是铁锈的圆形高炉上方立着挥手向前的乐团指挥塑像，“东郊记忆”四个白色大字很是醒目。走进园区，高大的烟囱、红砖的厂房、生锈的铁管、各种各样的雕塑，就如充满奇怪视觉效果的扭曲空间。以中央大道为中心，园区建筑分作南北两大部分，音乐产业是这里的灵魂支柱，园区的中国移动无线音乐基地、成都舞台、演艺中心和星工厂，让东郊记忆在诞生之初就与音乐结下不解之缘。

火车头广场是园区内工业气息最为浓郁的地方，一台蒸汽机车拖着几节绿皮车厢，静静地等候在铁轨之上，隐没在厂房内的车身仿佛随时都会鸣笛向前。那个挂着“成都量具刃具厂”牌匾旁边的幸福门总有游客来访。墙壁上的宣传橱窗里是各色活动海报，星光墙上的手印里也许有你喜欢的音乐人。

东郊记忆馆是最不应该错过的地方，1 300 多平方米的巨大场地展示着各种机器，现代科技呈现的是一个令成都人难以忘记的东郊辉煌时代和经历风雨华丽转型的园区演变。一个展馆一段历史，看昨天的记忆，遥望明天的未来。

文殊院街·灶君庙街

如果你想知道成都的寺院香火有多旺盛，书院里的气氛有多沸腾，老街小巷里的砖瓦多有韵味，那么千万不要错过文殊院的青烟缥缈，更不能错过灶君庙街的古韵犹存。放慢脚步，蓉城旧时寺院间有你不曾看到的『古城往事』。

文殊院
文殊院街
头福街
文殊院街
宫廷糕点铺
酱园公所街
文殊坊收藏市场
金马巷
金马街
楞伽庵巷
白云寺街
金丝街
草市街
爱道堂
银丝街
通顺桥街
金沙庵
灶君庙街

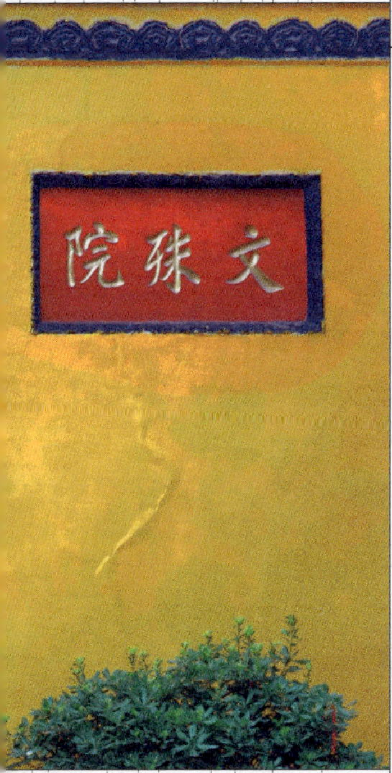

蓉城旧时寺院间

文殊院街、灶君庙街这一带现在属于青羊区，位于一环路老城区的北侧。

这一带老街纵横小巷众多，是老城区，也是成都香火最旺盛的地区，寺院众多是这片区域最明显的特征，老街古巷里孕育着市井文化的魅力。

如果你读过马可·波罗的游记，就可以知道成都旧时的模样。城南大河纵横，商贾云集，在这位意大利人的眼里，商业的兴盛就是城市活力的象征，文字间不难看出有着商人基因的马可·波罗对于城市的好恶。然而城北的寺院，在他的书中显得无足轻重，因为这里没有浓重的商业气息，没有城南的浮华绚丽，只有市井的平凡和寺院香烟的缭绕，这里是平民的精神世界。

那里蜿蜒曲折的小街纵横，那里的寺院中香烟总是萦绕不散，那里的路人心中总想得到佛祖的指引，那里吵闹、拥挤却充满市井的味道。各种流通商贩的轮番登台，是成都人的记忆里总也无法抹去的那一片景致。烧香拜佛，逛小街，吃小吃，这里有着最地道的本土生活的画面。

虽然时过境迁，但经过整修的街道古韵犹存，寺院的大殿里依旧金光闪闪，茶馆里叫好声不绝于耳，金沙庵里的砖瓦依旧斑驳。步履蹒跚的老人们照常来大殿上香膜拜，这融于他们生活中的信仰早已成为他们生命中的一部分，他们日复一日地沉浸在佛音中，让心灵得到洗涤。

这片土地不会消失，因为人们珍惜这能够让心灵得到宁静的一方净土。

文殊院街

梵音弥漫的古刹前街

文殊院街不长，它东起五岳官街、西到人民中路，如今这里已经成为成都的一张旅游名片，到文殊院逛逛，怎能错过这条街上的精彩。

文殊院街是成都旧时光的记忆。看看成都旅游宣传片吧，画面缓慢地游移在那些唯美的现代建筑到文殊院街道的砖瓦之间，往日老成都的韵味一下子在画面中弥漫开来。

街道与文殊院仅一墙之隔，这条街可以说是见证了古老寺院的前世今生，也经历了三街六巷的无数次变革。翻开文殊院的历史，这座千年的古刹，自古就是成都一方“闹市中的净土”，也许是寺院的风光太过无限，墙外的文殊院街总是有意无意地被人们忽略，似乎只有在每年那些特殊的日子里，人们才能够在人挤人的文殊院街上找到些许的回忆。

走在文殊院街上，满眼尽是人来人往的喧嚣，看着禅院红墙灰瓦，一墙之隔恍若两般世界。一队旅行团刚刚从文殊院里出来，导游挥着旗子站在街角认真地介绍道：“这条街就是文殊院大街，初一、十五大街上全是售卖高香的摊位。”这条街很厉害，它汇聚了成都众多的著名小吃店，这一片的街区经过市政修缮、改造后成为商业街，街巷里藏龙卧虎，吃喝玩乐这里一应俱全。

我走进路口的龙抄手店，点了一份红油抄手，一阵熟悉的成都味道在热气中飘荡开来，一份抄手似乎还没有过瘾，再来一份担担面吧。

在繁华小街背后还能够嗅到传统的味道。卖了几十年的抄手店和不远处的古玩城一样散发着跨越时代的气息。在文殊院街上，年轻人可以轻松散步。仿旧的招牌下，一个个小店散发着独有的韵味。

宫廷糕点铺

传统糕点中的永恒魅力

“今天有这么多人啊，看来早上刚到的这锅又买不上了。”排在队伍里的两位阿姨焦急地不时向队伍前面探头望着。宫廷糕点铺里的点心很受成都人的欢迎，就如同北京的稻香村一样，点心里总是带着一种难以忘怀的味道。

文殊院的这家宫廷糕点铺生意总是很好，每次来文殊院总要路过这家店铺，印象里长长的队伍是这家点心店最让人难忘的“招牌”，每次为了尝到店里的桃酥总要等几十分钟。

宫廷糕点铺位于酱园公所街 58 号，距离古老的文殊院很近，店铺临街，每天清晨伴随着隔壁寺院的晨钟响起，点心铺里就飘出阵阵的香气，早起的人们循着香味，就已经把店铺的门严严实实地包围住了，人群中还不乏文殊院里僧人的身影，80 多种味道各异的点心，都很受人们的喜爱，至于其中最受欢迎的，就是镇店之宝宫廷桃酥了。

宫廷桃酥并非成都小吃。“当年这可是进贡给皇上的贡品。”我身后的老爷子兴奋地说，“这里的师傅据说祖上就是给皇帝做点心的，后来开了这家宫廷糕点铺，这里是总店，成都还有很多家分店。” “您最喜欢哪种点心？” “当然是桃酥啦，吃了十几年了，这个味道一直没有变过。原来喜欢吃甜味的，年纪大了不敢吃喽，椒盐味的也很好吃。绿豆糕也很好吃的，我家老太婆最喜欢吃这个了。”

最受欢迎的桃酥其实也是因为一份坚持才走到今天。老板原本对于点心的制作并没有兴趣，为了生计重操祖传制作点心的活计，经过苦学钻研，第一家宫廷糕点铺落户成都，每天清晨桃酥出炉的香气总能引来食客们的“围堵”，口口相传，宫廷桃酥竟然成了成都的“特产”。植物油搅拌，翻砂糖调味，严格的配料比例，坚持手工制作，这才能够把百年精湛的味道捧到你的面前，一次无奈的创业，让曾经难以被品尝到的皇家贡品也能进入老百姓的口中。

金沙庵

小街古寺的前世今生

灶君庙街街口的金沙庵堪称古韵犹存的一处老院落。穿过喧嚣的草市街，在和平电影院路口向西，来到灶君庙街，在路北就能看到金沙庵不算显眼的入口，黑底金字的匾额高悬在入口的屋檐下，红色的垂花立柱，两道吊檐雕刻着金龙及各种各样的花纹，吊檐下一副佛语禅韵的对联，仿佛推开时光的大门，把你带回到兵荒马乱的清朝初年。

始建于清朝初期的金沙庵原名华光寺，清乾隆年间改成今名，金沙庵门前一堆残缺的石台上原本的一对石狮子消失于历史中。走进大门迎面是一尊憨态可掬的弥勒佛塑像，“大肚能容天下难容之事，笑口常开笑迎八方香客”。这就是弥勒佛端坐山门后的主要职责。弥勒佛的背后是一尊韦驮站像，佛像前是小院子的天井，东西两侧的拱形券门的环绕让院子显得有些局促，穿过拱门向前就是二进院落，大雄宝殿是金沙庵建筑的精华所在，大殿是清朝的木结构建筑，大殿上的匾额散发着古韵意味，屋檐上的雕梁画栋颇有传统特色。大殿内供奉着一尊千手千眼的观音像，传说华光寺早年供奉的观音像曾经手捧金沙灭火，因此曾轰动一时，后在清同治年间扩建寺院，改名金沙庵。大殿镜框里的观世音菩萨双目微闭，双手合十，背后令人眼花缭乱的千手造型各异、雕刻精细。寺院里十分安静，仿佛可以听到香炉中高香燃烧时的声响。大雄宝殿前的环廊非常漂亮，圆形的中式仿古隔栅使中式建筑框景的透视美感充分呈现。

站在金沙庵里，安静得好像不属于喧嚣的成都，这里平时游客并不多，三三两两的香客的到来让寺院里顿时香烟缥缈，也许就是这份宁静，才让闹市里的金沙庵古韵犹存。

爱道堂

金碧辉煌的尼庵僧院

如果决定了要到爱道堂里走一走，那么就注定会被寺院的气势所折服，在此之前你绝不会想到就在离文殊院咫尺之遥的地方还有这样的一处院落。

爱道堂是一处躲在通顺桥街上的一方净土。一片红色的院墙，有着精美雕刻的大门，用气宇轩昂来形容再恰当不过了。早年间这里叫作圆觉庵，也许是隔壁文殊院的香火太过

旺盛，很多人都不曾注意到曾经狭小破旧的圆觉庵里的一片天地，破旧狭小的大门挤在文殊院一带老街的旧建筑里，很不起眼。之后文殊院地区改造和修缮的春风吹来了爱道堂的新生。在众多居士和原中国佛教协会会长赵朴初的多方筹措中，一个雕梁画栋、殿宇雄伟的院落得以呈现。

完全中式的对称结构从大门的入口前的一对石狮子开始体现出来，走进大门后，院落小巧规整，中轴线上是依次排列的主殿，钟鼓楼修建在院落的东西两侧，晨钟暮鼓是中国佛教寺院最美妙的梵音。大雄宝殿坐北朝南，呈现典型明清风格的二层歇山顶大殿端坐在须弥座石台上，大殿正中供奉释迦牟尼佛坐像，阿难陀、摩诃迦叶雕像侍立两旁。若走进大殿后侧，抬头仰望定是一场视觉盛宴，一尊宋代的黄铜药师如来坐像和墙壁上十二圆觉菩萨像精美绝伦，这是爱道堂的院藏珍品。仰望大殿屋顶，满眼彩绘藻井图案，纷杂繁复。大雄宝殿的西侧是观音殿，殿内正中供奉着紫铜观音坐像，此为国内观音塑像之极品。

绕过大殿沿着通道来到二进院落，走到五观堂前，看到室内比丘尼们正在吃午饭，非常安静的景象。相比文殊院这里的确清净许多，几个身背绣着佛像的背包的老阿婆从身边走过。“这边可以吃斋饭的，”一位阿姨指着五观堂门前一处小楼说道，“在筐里拿上筷子，到房间里面去打饭。”顺着她手指的方向，我来到斋房门口，门前摆放着一个大竹匾，里面横七竖八地堆满了筷子，房间里坐满了正在吃饭的人们，他们似乎很享受斋房的味道。

这座神奇的寺庙能保留至今也是神灵的恩赐。从 500 多年前明朝古北宫渠之通顺桥畔一路走来，古圆觉庵改名为十方爱道念佛堂（简称爱道堂），一代代道法德众的比丘尼，让佛法在这一方天地里恩泽众生，今天我们欣赏这美妙的一幕时也要感谢佛法的浩大。

这时，我突然想起梁启超的一段话：“佛教是自信而非迷信，是积极而非消极，是入世而非厌世，是兼善而非独善。”

文殊坊收藏市场

在旧物中寻找历史的记忆

在文殊院街南侧的金马街里藏着一个古玩市场。在这个售卖古旧物件的市场里充满着知遇的乐趣和发现的惊喜。

星期六文殊院收藏品市场里很热闹，我约了在文殊院里认识的几个旅友一起去逛市场。“早些年，这个市场的地摊上还是可以淘到稀缺物件的，这几年差多了，不过没事还是喜欢到这里逛逛。”同行的小 L 边走边说，“早些年的时候周末场里主要以钱币为主，

我就亲眼看到有人在这里淘到古币，而且价钱很合适，有眼力的还真的可以找到宝贝。”

从金马街向南，不远就能看到市场的大门，略显陈旧的大门上“收藏市场”几个大字挂在上面。走进市场，两侧是密密麻麻铁皮搭建的摊位，店里的老板们都是一副懒洋洋的样子，逛了几家，里面的物件如出一辙，无非是一些粗糙的佛像、劣质的串珠，还有各种仿制的瓷器摆件，小 L 指着这些摊位小声说道：“好东西是不会在柜台上摆着的，宝贝是懂行的买主和老板私下聊出来的。”跟着小 L 我们走进一家拐角处的店铺，在我眼里房间里面的物品没有什么新奇可言，小 L 和老板一阵你来我往的交谈后，回头给身后的我们使了个眼色，我心里想着也许会有宝物横空出世了吧。不多时老板从柜台下面的橱柜里拿出一个红绸包裹的布口袋，几枚古钱币从口袋里被拿了出来，其中一枚体形硕大的古币让小 L 眼前一亮，古币一面用规矩的隶书铸刻着“崇宁重宝”四个字，小 L 拿在手上好一阵左挑右看，最终还是因为边缘有一处明显的残缺而离去。出了房间小 L 不无遗

憾地说道：“你们不知道吧，这可是北宋徽宗崇宁年间的货币，上面的四个字是当时的皇帝宋徽宗的亲笔，算算距今已有上千年喽！”我们一行人面面相觑，小L叹着气说：“一直在找‘崇宁重宝’，找了好多年了，今天的这个品相差点意思啊，可惜了。”也许这就是古董爱好者们眼中古物充满魅力的原因吧。在普通人眼里这些陈旧的物品似乎没有光鲜亮丽的外表，但在行家的眼里，古董的背后有着历史的滋味，触摸古董就如同在与时光对话。刚才的一枚古币穿越千年来到你的手里，看着它就如同穿越时光的隧道回到遥远的北宋王朝，你可以感触到东京汴梁繁花似锦，集市上人来人往，商队穿梭，喜爱书画的宋徽宗提起笔，认真地在纸上写下“崇宁重宝”四个大字，这枚古币曾游走在无数人的手里，最终被岁月尘封在红色的布袋里，等待着有缘人让它重见天日。

回想这一切，突然觉得古物市场里到处都是历史的遗痕，我也开始努力寻找起属于我的那个有缘之物。

文殊院

禅宗四大丛林之一

文殊院是禅宗四大丛林之一，楼阁庄严，古木森森，为成都市区现存最完整的一座佛教寺院，也是四川省和成都市的佛教协会所在地，更是清代“川西四大丛林”之一。文殊院占地 5 万多平方米，坐北朝南，前身是唐朝的妙园塔，宋朝时改称信相寺，明朝末年被损毁，清康熙三十六年（1697 年）重修后更名为文殊院。全院共有房舍 190 余间，木

石结构的房舍里有精美的雕饰。文殊院现有铁铸、铜铸、石刻、玉雕、脱纱、彩塑等佛像200余尊。照壁上刻的“文殊院”三个金字是清康熙年间该寺的慈笃海月禅师所题，字体遒劲挺拔。文殊院藏有许多珍贵文物和上万册佛经、文献，如院僧先宗等三人于每日清晨刺舌取血书写而成的“舌血经书”等，其中以唐玄奘的头盖骨残片最为珍贵。文殊院内的露天茶座是最适宜喝茶的地方。许多成都人坐在参天大树下喝茶、打麻将，而木桌、竹椅、铜壶，更是为文殊院增添了几分古朴的文化氛围。

文殊院周边有一大片仿古建筑，称为文殊坊。这里是成都美食一条街，有各种成都小吃。参观完文殊院后可至文殊坊，感受另一种恬静的成都式休闲气氛。文殊坊与锦里、宽窄巷子并称成都三大历史街区。相比之下，文殊坊的消费水平是最低的，传统美食也更为丰富，除了老成都的名吃，许多周边县、市的美味也在此汇集。有心的话，你还能淘到一些具有西南少数民族风情的工艺品。

东御街
春熙路

每天的成都都是从东御街车流的喧嚣中醒来，那弥漫在晨雾中的霸气似乎还未散尽。当阳光跃出大地，金色的光线把城市包裹，老城区的街巷里已经开始了忙碌的一天，小巷的餐馆里热气腾腾的餐食正在等候着早起的人们品尝……

重庆盆盆虾
成都市基督教上翔堂
顺城大街
太升南路
署袜北二街
东华门街
人民中路一段
人民中路一段
东华正街
提督街
蜀都大道
春熙路夫妻肺片
蜀都大道
天府广场
西御街
东御街
人民南路一段
署袜中街
红星路
春熙路
成都御膳宫
春熙路
壹小馆 · 皇城老
东大街上东大街段

遇见成都，这座城

旧时蓉城的今日时光

老城的步伐总是走得缓慢，成都人对于市中心的老街小巷总有着无法忘却的情怀，就如同北京人对前门大街、上海人对老城隍、广州人对越秀老街的情愫一样。尽管老城里的街巷狭窄，老城中的人流如织，但作为城市的文明发源地，无论老城人走到哪里都会怀念这里。

春熙路还是那么繁华，就如同昨天一样，这里总是能够勾起人们的好奇心，店铺的橱窗里总是有令人们眼花缭乱的物品，如同迷宫般的商场是女人们钟爱的天堂，不知疲倦地游走其间，即使随便逛逛也不失为一种娱乐方式。当然坐在幽香的咖啡厅里，窗外人来人往，也是春熙路上的一道风景，耳边是舒缓的音乐，手边是咖啡的醇香。

这里就是成都古意荡漾的老城街巷，它韵味十足，是因为历史在这里留下浓重的印记；它光鲜亮丽，是因为时代的脚步总是五彩斑斓。

天府广场

流露着城市历史韵味的中心广场

天府广场无疑是成都的标志。偌大的广场曾留下老城的前生，又在经历着绚烂的今世。

回望600多年前的明朝，元帝国土崩瓦解，明王朝夺取了帝国的政权，位于西南的成都迎来了蜀王朱椿，他宏伟的王府落成，奠定了成都古城中轴线的格局，王府自然成为贯穿城市中轴线上的镇位所在。明末张献忠败走成都，一把大火，宏伟的蜀王府被付之一炬。

清朝将它从王府改成了科举的贡院。王府经历了战乱的洗礼、朝代的更迭，最终迎来了红旗飘飘的新中国，然而在特殊历史时期疯狂浪潮的席卷下，昔日占地面积广大的王府被彻底推倒，革命运动让蜀王府最终成为回忆。在王府的原址上，一尊抬手向前的巨型毛主席塑像和身后几经更迭的建筑群应运而生，古城墙被拆除，护城河改造成防空洞。伴随着周边古建筑的不断消失，天府广场的面积却逐渐被扩大，成为现代成都市中心的中央广场。

太阳还未升起时，偌大的广场上只有寥寥数个身影。几个游客模样的年轻人早早地来到广场中央，等待着第一缕晨光的跃出。几个身着传统练功服的老人结伴来到广场，他们停在花坛前，舒活筋骨，拉开架势，晨练就这样悄悄地开始了。当然广场上自然少不了摄影爱好者们，他们支起三脚架，放上照相机，开始寻找最满意的拍摄角度。

太阳终于跃出了地平线，金色的光芒把毛主席像逐渐照亮，晨光下的毛主席像向前伸出的大手仿佛光芒万丈指点着前方。摄影爱好者们争分夺秒地捕捉着瞬息万变的光影景象，只有晨练的老人们最是享受晨光的沐浴，光线中一招一式都显得那么意气风发。车流的喧

嚣逐渐唤醒了清晨的都市，广场上逐渐多了匆匆赶路的人群，晨光下他们的影子被拉得很长很长。

我赶上成都博物馆开门就进去了，不为看展览，只为能够登高俯瞰天府广场的景色，透过巨大的玻璃，一个阴阳太极图案的广场呈现眼底，难怪总是听成都人说，年轻人喜欢去天府广场“耍一下”，因为那里有个太极。

这时一队打着条幅的自行车车队来到广场上，他们一身专业的骑行装束，每个自行车后座上都架着大人的行囊。他们一字排开，拉起手中的条幅，只见条幅上面写着，“骑行318，重走川藏线”，浩浩荡荡的车队沿着城市的中轴线行进，消失在人民南路茫茫的车海间。

蜀都大道

蓉城的昔日坝子里，今日荣光大道上

曾经看过一部成都旅游宣传影片，虽然时隔多年，但我对于画面中灯火辉煌、高楼林立的蜀都大道一直记忆犹新，也曾私下和成都的朋友交流，每当说到哪条街最能够代表成都日新月异的城市气息时，答案里总是不会遗落蜀都大道的名字。

翻看成都地图，环环相绕的城市规划乍一看和北京还真有几分相似，再把目光锁定市

中心天府广场主席像的位置，看到一条宽阔气派的大街延伸在毛主席向前伸出的大手前方，笔直地向着东西展开，眼前的通途是否又和北京的长安街有几分神似呢？这就是成都市中心气宇轩昂的蜀都大道，在地图上看这条路很长，东西延伸到了城市的环路上。前面旅游宣传影片中反复出现的画面集中在蜀都大道上最精彩的一段，它东起顺城大街，西到东城根南街。

蜀都大道是繁忙的，它是成都市中心最核心的主干道。成都人费尽心思地努力打造它，把最绚烂的商业大厦、最具艺术气息的美术馆和最宽敞的行车道都奉献给了“成都第街”——蜀都大道。

随着社会的发展，大道不断扩宽和延伸，众多的早期商业建筑在大道两侧拔地而起，

成为成都人向往的商业、休闲首选之地。时至今日，蜀都大道东侧总府路一段人流密集得好像是黄金周里的海滨浴场。人们在摩肩接踵中前行，汗流浃背只为体验购物的快感。

如果你认为这条大道只是商业繁荣，那就显得有些片面了。去看看大道西侧，那些极具现代气息的高大展馆里面呈现的是成都人对于艺术和文化的渴望，如造型奇特的四川美术馆，体形方正、身披“金色铠甲”的成都博物馆新馆。如果说大道东段是昨天成都人对于物质消费的向往，那么大道的西段就是今天成都人对于艺术的渴望。

清晨的成都刚刚醒来，这时蜀都大道上还没有密集的人来人往。当晨光爬出地平线，温暖的光线把大道笼罩在金色之中，这时漫步其间，可以看到城市活力四射的开始，也可以感受到晨光下迷人的艺术气息。

成都市基督教上翔堂

上帝福音笼罩的上翔堂

来到顺城大街，在上翔街路口上，抬头可以看见一个巨大的十字架伫立在一座尖尖的高塔之上，成都人会指着路边的院落告诉你这是基督教上翔堂。

教堂的前身是 1909 年教会出资修建的辅仁学社，那时学校的作用是教授英语和简单的礼拜活动，1927 年辅仁学社完成了自己的使命，这里转而成为纯粹的教堂。教堂设计得非常现代化，灰色调的墙面和主体建筑上小开窗的设计无不流露出北欧现代教堂的风格。

跟着前来礼拜的人群走进教堂，走在旁边的老阿婆指着台阶旁边的两层小楼说道："那可是教堂的老房子了，解放前那些洋教士都住在那里。"那是一栋二层环廊灰砖的建筑，和华西坝里的建筑如出一辙，属于中西合璧的成都早期建筑。也许是周末的原因，楼道的房间大门紧闭，刚想继续探望，因走在前面的老阿婆催促，我加快脚步跟着人群沿着高高的台阶走进教堂。出乎意料的是，教堂内空间很大，但是令我有些失望的是，室内设计很简单，上下两层，正对入口的墙壁上没有基督的塑像或是壁画，只有一张巨大的投影幕布悬挂在白墙的巨大十字架上，两侧的墙壁上也没有传统教堂里常见的宗教故事，整体是非常简约的室内布置。随着室内音乐的响起，全体人员起立，注视着大屏幕下的牧师，仪式在颂歌赞美声中拉开序幕。

基督教上翔堂是成都最大的基督教教堂，走过百年历史的教堂见证了成都的兴衰过往，这一切的经历院子中的那几棵银杏还有那栋沉闷的二层小楼可以做证。

整点的钟声在教堂上空响起，教堂里响起了众人的祷告声。

重庆盆盆虾

凭借食物的好味道吸引人

重庆盆盆虾是成都非常有名气的一家“苍蝇馆子”，被誉为“苍蝇馆子中的战斗机”。小店开业有几年了，很多当地人都知道。小店在顺城大街公交站牌后面的巷子里，大约50 米左右，很好找。小馆子内环境非常一般，没有过多装饰，简简单单地摆设了几张桌椅。服务中规中矩，但每到饭点这里必然会排起长长的队伍，这也是“苍蝇馆子”能够生存下来的一大原因——凭借食物的好味道吸引人。

小店的名字里有“盆盆虾”，招牌菜自然就是盆盆虾。盆盆虾就是小龙虾，一盆端上来红红亮亮，看着让人垂涎三尺。我吃了几个后，辣辣的，还有一丝丝甜味，很是入味，且肉质鲜嫩，忍不住让老板再来一斤！吃完了虾，可以往盆子里添加素菜，最常见的有土豆片、藕片、青笋等，味道非常“巴适”！

美蛙的味道也很赞，个头大，肉质滑嫩，吃起来口感很好。除了这两道菜之外，店内还有兔头、田螺、香辣蟹、鸭舌、鱿鱼等。令人感到贴心的是，小店还有成都小吃，如醉豆花、小汤圆、绿豆汤等，对于不能吃辣的食客来说，这些都是非常不错的解辣小吃。

春熙路夫妻肺片

成都市井小食的传奇

夫妻肺片是成都不可或缺的一道美食，春熙路上的夫妻肺片总店在成都颇有名气。就连远道而来的“老外”都会慕名来到这里，只为那一口传说中的成都小吃。

成都总府路上的这家店铺，有着气派的门面，即使在商业气息浓厚的春熙路商圈也有着“特立独行”的气质，餐厅的大门位于总府路巨大的过街天桥的下面，“夫妻肺片”四

个金色的大字牌匾挂在餐厅入口处，很是显眼，餐厅临街的巨大透明玻璃窗把室内的灯火辉煌呈现得淋漓尽致。走进餐厅大门，没有想象中传统小吃店的局促和凌乱，宽敞的用餐大厅和排列有序的餐桌座椅倒是有点现代餐厅的模样，沿着就餐区是一排敞开式的厨房，头戴白色高帽的厨师熟练地操作着，他们的一举一动仿佛就是餐厅里的一道风景。

夫妻肺片当然是这家餐厅的明星菜品，点菜时，服务员都会询问是否要点这道菜。说到这道菜，在成都的许多川菜馆里都有它的身影，但说到正宗，那就非这家莫属了。20世纪二三十年代，川地民生凋敝，时局动荡，一对郭姓夫妇沿街提篮叫卖凉拌的“肺片”，他们的选料精，下料足，于是就有了“夫妻肺片”这一碗街边小吃。一路走到今天“肺片无肺，薄入蝉翼，大如牛掌，辣中含香的二荆条和汉源大红袍花椒的佐味”，何等麻辣香鲜的味道才会引来好食者的追寻？“我们这家总店的地理位置好，好多游客都会慕名而来，到了旅游旺季，店里座位好紧张的。”服务员边点菜边说着，“店里除了肺片，还有很多

小吃的，价格便宜，味道又好。”翻开菜单，服务员指着后面的小吃部分接着介绍道：“天气热，红糖冰粉很爽口，红糖小锅盔甜而不腻，还有传统醉豆花……”

看着陆续上桌的美食，仿佛窗外蒸腾的热气被瞬间隔绝开来，红糖冰粉晶莹剔透，裹着微甜的红糖汁，入口清凉爽滑，一口红糖小锅盔外皮金黄酥脆，里面包裹的馅料微甜不腻。

菜单上的小吃品种丰富，玫瑰小汤圆、传统醉豆花，都是食客们的最爱，虽然都是老成都的味道，可老字号总能在细节上给人惊喜。

成都御膳宫

御膳宫里的药膳滋味

成都总府路一号是一家装修极具宫廷风格的北京同仁堂药店，朱红色的大门前站着一对铜质的麒麟，雕梁画栋的屋檐下是色彩艳丽的盘龙，霸气的门脸透着一股古都才有的皇家气派。在同仁堂的三层，有一家同样装修风格京味十足的餐厅，这就是成都御膳宫。说起这家餐厅，成都人对它的印象都很深，它是成都的第一家“药膳餐厅”，当年开业时还上过成都的报纸。二十多年来，这家餐厅一直秉承药膳滋补、寓药于膳的特色。

搭乘电梯来到三层，餐厅的入口上挂着“御膳宫”的牌匾，门内一条不长的过道尽头是一张中式的条案，“山穷水尽疑无路，柳暗花明又一村”，穿过狭窄的通道进入餐厅顿时眼前一亮，木质的桌椅和黄色的墙纸，营造出一派熟悉的清代皇家氛围，最有趣的还是单间墙壁上身穿龙袍的清朝皇帝画像，这一切不由得让我想起了北京北海公园里的仿膳饭庄。

来这里用餐的基本都是成都的当地人，我的邻桌是一大家子人，显然其中的几位长者是这里的常客，他们很喜欢这里的药膳汤锅，不用菜单，也可以七荤八素地点满一桌子菜。“来我们这里的很多是回头客，有的客人从开业就来这里，吃了几十年了。”服务员对我说道，“周末人很多的，还需要等座位。”对于口味刁钻的成都人，能够钟情于一家餐厅的味道，想必这其中的滋味只有食客们最知晓。

翻开菜单，汤锅类膳种类挺多，还有炒菜和拌菜，服务员站在一边介绍道：“我们餐厅每个季节会有特色汤锅推出，点一份药膳锅，锅里的主菜吃完了，还可以点些菜来涮，一锅多吃嘛。”这里的汤锅，汤汁洁白，味道清淡，没有鸡精的味道，鸡肉烹制得很是嫩滑，没有肉渣感，一碗鸡汤后，混合着药材的香气在唇齿间回荡，更妙的是为了不浪费这一锅醇香的汤汁，在鸡肉吃完后还可以点些涮菜下锅，经过长时间小火熬制的鸡汤再配上各类蔬菜，这其中的滋味自不必多言。难怪喜欢火锅的成都人钟情御膳宫的这一碗白汤，难怪几十年的老餐厅还时常门庭若市。

说话间，餐厅已座无虚席，一锅锅的各色药膳散发着阵阵香气在餐厅中弥漫开来，食客们个个脸颊泛红，席间的谈笑声肆无忌惮地弥漫在御膳宫里。

春熙路

成都老牌的商业步行街

“早啊，今天要去哪里啊？”

“春熙路看美女去……”

在酒店的咖啡厅里，我听到前台服务员和房客的一段对话。

春熙路上“风光无限”，这是成都人公开的秘密，就如同重庆的解放碑一样总是能引人好奇。

春熙路总是那么繁忙，它是成都商业的核心，也是人影如织、霓虹漫天的繁华都市的中心。春熙路的历史并不长，民国时期这里原本只是一条小街，在当时军阀势力的操控下，小街逐渐改头换面成了商业街，虽然被强行拆迁的小街住户们骂声一片，但一条叫作春熙路的商业街出现在了成都市中心最繁华的地段。东大街是春熙路上最为繁华的地段，沿街的皮货铺、绸缎庄和首饰店里时常可以看到达官显贵们的身影，旧时的小姐和贵妇们曾是这条街上最为亮丽的一道“风景”，她们或是趾高气扬，或是盛气凌人地坐在洋车里，偶尔掀开车帘瞟一眼大街，用绢丝手帕半掩口鼻。她们在珠宝店里挥金如土，却毫无表情地从门前饥饿潦倒的孩子们身旁走过，这就是春熙路上曾经的风景。好在春熙路熬过了那段岁月，重新焕发出生机，成功挤进中国十大商业街的行列，位居香港铜锣湾、上海南京路之后的春熙路凭借众多小吃店，成为名副其实的“香街”，龙抄手、脆皮火烧、钟水饺、赖汤圆、夫妻肺片、韩包子，这些特色的四川小吃在春熙路上都可以尝得到，这里是成都最齐全的美食集合地，难怪成都人总是打趣地说，春熙路上不逛街，小吃店里留身影。

总府路的过街天桥上是欣赏春熙路景色的好地方，等到夜幕降临，华灯初上，眼前的春熙路俨然就是一片灯光迷离的不夜城。人们在摩肩接踵中前行，人流中不乏靓丽的身影闪现，这才是春熙路上最迷人的景色，难怪成都人总是自豪地说“去春熙路看美女噻……”

壹小馆·皇城老妈

成都人的味道

这家店是成都火锅店的代表之一，始创于 1986 年。成都火锅之妙在此不再赘述，皇城老妈被称为“成都人的味道”，可见其实力非凡。特别推荐三菌鲜汤锅底，以天然竹荪、松茸、羊肚菌精制而成，有祛病提神之效；而龙马童子鸡汁汤锅底，以仔鸡及海马等中药材熬制，可强身健体、活血理气。推荐的涮物有老妈牛肉，席名“红梅映雪”，宜烫红汤；还有老妈鸡片，即新鲜的土鸡鸡片，取其鲜美，宜烫白汤。

说到成都的火锅，印象中总是给人红红火火、阵阵热辣、热热闹闹的感觉。而走进壹小馆，只觉风格大变，简洁的感觉扑面而来，冷色调的装潢充满了空间，灰白相间的墙壁，不锈钢质感的餐具，黑色的现代感极强的线条装饰，白色灯光下的各式彩色水果，为室内带来了一份温暖，且搭配起来非常好看，让人很难想象到这是一个吃火锅的地方。

馆子里分为自助区和套餐区，自助区有传送带，上面放着一个个不锈钢容器，里面盛放着各种食材，量不大，可以吃很多品种，看着干净又惬意，还不会造成浪费。自助区还有点心、水果、饮料，补给及时，很贴心。

作为成都老牌火锅店——皇城老妈的一分子，壹小馆火锅的味道绝对过硬，不管是红油锅，还是番茄锅，底料的味道都非常好，嫩牛肉、虾滑、老妈牛肉等涮物既新鲜又美味，这也是这家店人气火爆的主要原因。

本图书由北京出版集团有限责任公司依据与京版梅尔杜蒙（北京）文化传媒有限公司协议授权出版。

This book is published by Beijing Publishing Group Co. Ltd. (BPG) under the arrangement with BPG MAIRDUMONT Media Ltd. (BPG MD).

京版梅尔杜蒙（北京）文化传媒有限公司是由中方出版单位北京出版集团有限责任公司与德方出版单位梅尔杜蒙国际控股有限公司共同设立的中外合资公司。公司致力于成为最好的旅游内容提供者，在中国市场开展了图书出版、数字信息服务和线下服务三大业务。

BPG MD is a joint venture established by Chinese publisher BPG and German publisher MAIRDUMONT GmbH & Co. KG. The company aims to be the best travel content provider in China and creates book publications, digital information and offline services for the Chinese market.

北京出版集团有限责任公司是北京市属最大的综合性出版机构，前身为 1948 年成立的北平大众书店。经过数十年的发展，北京出版集团现已发展成为拥有多家专业出版社、杂志社和十余家子公司的大型国有文化企业。

Beijing Publishing Group Co. Ltd. is the largest municipal publishing house in Beijing, established in 1948, formerly known as Beijing Public Bookstore. After decades of development, BPG now owns a number of book and magazine publishing houses and holds more than 10 subsidiaries of state-owned cultural enterprises.

德国梅尔杜蒙国际控股有限公司成立于 1948 年，致力于旅游信息服务业。这一家族式出版企业始终坚持关注新世界及文化的发现和探索。作为欧洲旅游信息服务的市场领导者，梅尔杜蒙公司提供丰富的旅游指南、地图、旅游门户网站、App 应用程序以及其他相关旅游服务；拥有 Marco Polo、DUMONT、 Baedeker 等诸多市场领先的旅游信息品牌。

MAIRDUMONT GmbH & Co. KG was founded in 1948 in Germany with the passion for travelling. Discovering the world and exploring new countries and cultures has since been the focus of the still family owned publishing group. As the market leader in Europe for travel information it offers a large portfolio of travel guides, maps, travel and mobility portals, Apps as well as other touristic services. Its market leading travel information brands include Marco Polo, DUMONT, and Baedeker.